HENRI BERGSON

Philosophie der Dauer

Textauswahl von Gilles Deleuze

Aus dem Französischen übersetzt
von Margarethe Drewsen

FELIX MEINER VERLAG
HAMBURG

PHILOSOPHISCHE BIBLIOTHEK BAND 662

Bibliographische Information der Deutschen Nationalbibliothek
Die Deutsche Nationalbibliothek verzeichnet diese Publikation in der Deutschen Nationalbibliographie; detaillierte bibliographische Daten sind im Internet abrufbar über ‹https://portal.dnb.de›.
ISBN 978-3-7873-2510-8

Kontaktadresse nach EU-Produktsicherheitsverordnung:
Felix Meiner Verlag GmbH, Richardstraße 47, 22081 Hamburg
info@meiner.de

Nachdruck 2026

 Satz: Jens-Sören Mann, Hamburg.
Druck: Beltz Grafische Betriebe, Bad Langensalza.
Gedruckt auf alterungsbeständigem Papier.
Printed in Germany

INHALT

ZU DIESER AUSGABE

Der vorliegende Band erschien im französischen Original unter dem Titel *Mémoire et vie. Textes choisis par Gilles Deleuze* 1957 in den *Presses Universitaires de France* und erfuhr bis 1975 vier Auflagen. Für die deutsche Übersetzung wurden den ausgewählten Texten folgende, am jeweiligen Textende mit Siglen bezeichnete Ausgaben zugrunde gelegt:

DI *Essai sur les données immédiates de la conscience* (1889), hg. v. Frédéric Worms, Dossier critique von Arnaud Bouaniche, Paris: P. U. F. 2007.

MM *Matière et mémoire* (1896), hg. v. Frédéric Worms, Dossier critique von Camille Riquier, Paris: P. U. F. 2008.

R *Le rire* (1900), 23. Aufl., Paris: Alcan 1924. Kritische Ausgabe: *Le rire* (1900), hg. v. Frédéric Worms, Dossier critique von Guillaume Sibertin-Blanc, Paris: P. U. F. 2007. Der deutsche Text ist entnommen aus: *Das Lachen. Ein Essay über die Bedeutung des Komischen*, übersetzt von Roswitha Plancherel-Walter, Hamburg: Meiner 2011 (PhB 622).

EC *L'évolution créatrice* (1907), hg. v. Frédéric Worms, Dossier critique von Arnaud François, Paris: P. U. F. 2007. Der deutsche Text ist entnommen aus: *Schöpferische Evolution*, neu aus dem Französischen übersetzt von Margarethe Drewsen, mit einer Einleitung von Rémi Brague, Hamburg: Meiner 2013 (PhB 639).

ES *L'énergie spirituelle* (1919), hg. v. Frédéric Worms, Dossier critique von Arnaud François, Camille Riquier, Stéphane Madelrieux u. Ghislain Waterlot, Guillaume Sibertin-Blanc, Élie During, Paris: P. U. F. 2009.

MR *Les deux sources de la morale et de la religion* (1932), hg. v. Frédéric Worms, Dossier critique von Frédéric Keck u. Ghislain Waterlot, Paris: P. U. F. 2008.

PM *La pensée et le mouvant* (1934), hg. v. Frédéric Worms, Dossier critique von Arnaud Bouaniche, Anthony Feneuil, Arnaud François, Frédéric Fruteau de Laclos, Stéphane Madelrieux, Claire Marin, Ghislain Waterlot, Paris: P. U. F. 2009.

Die Fußnoten Bergsons, die in der französischen Ausgabe von Gilles Deleuze weggelassen wurden, sind ergänzt; sie werden über Asteriske * bezogen. Anmerkungen der Übersetzerin sind mit dem Kürzel »A. d. Ü.« gekennzeichnet. Alle übrigen Anmerkungen stammen von Gilles Deleuze.

Der Verlag

HENRI BERGSON

I Dauer und Methode

A) Die Natur der Dauer

1. Dauer als psychologische Erfahrung

Die Existenz, derer wir am gewissesten sind und die wir am besten kennen, ist unbestreitbar die unsere. Denn von allen übrigen Gegenständen haben wir Begriffe, die sich als äußerliche und oberflächliche bezeichnen lassen, während wir uns selbst von innen her und tiefgehend wahrnehmen. Was also stellen wir fest? Was ist, in diesem privilegierten Fall, der genaue Sinn des Wortes: »existieren«? [...]

Zunächst stelle ich fest, daß ich von Zustand zu Zustand übergehe. Mir ist kalt oder warm, ich bin froh oder traurig, ich arbeite oder tue nichts, betrachte meine Umgebung oder denke an andere Dinge. Empfindungen, Gefühle, Willensakte, Vorstellungen, das sind die Modifikationen, in die sich meine Existenz unterteilt und die sie abwechselnd färben. Ich verändere mich also ohne Unterlaß. Doch das sagt noch zu wenig. Die Veränderung ist sehr viel radikaler, als man zunächst glauben möchte.

Von jedem meiner Zustände rede ich nämlich, als wäre er aus einem Stück. Wohl sage ich, daß ich mich verändere, aber die Veränderung scheint mir in dem Übergang von einem Zustand zum nächsten zu liegen: Von jedem Zustand für sich genommen möchte ich annehmen, daß er bleibt, was er ist, so lange, wie er besteht. Dennoch würde schon eine leichte Erhöhung der Aufmerksamkeit mir offenbaren, daß es keine Empfindung, keine Vorstellung, keinen Willensakt gibt, der sich nicht ständig wandelt; wenn ein Seelenzustand aufhörte, sich zu wandeln, würde seine Dauer aufhören zu fließen. Nehmen wir den beharrendsten aller inneren Zustände, die visuelle Wahrnehmung eines äußeren unbewegten Gegenstandes. Dann mag der Gegenstand noch so sehr derselbe bleiben, und noch so sehr mag ich ihn von derselben Seite, unter demselben Blickwinkel, im selben Licht betrachten: Die Anschauung, die ich jetzt von ihm habe, unterscheidet sich doch nichtsdestoweniger von jener, die ich eben noch hatte – sei es auch nur dadurch, daß sie um einen Moment gealtert ist. Mein Gedächtnis ist da und schiebt etwas von dieser Vergangenheit in diese Gegenwart hinein. Mit seinem Fortschreiten in der Zeit schwillt mein Seelenzustand kontinuierlich um die dabei aufgelesene Dauer an; gleich einem Schneeball rollt er sich selbst, lawinenartig größer werdend, auf. Zwingender noch gilt dies von den noch tiefer inneren Zuständen, Empfindungen, Affekten, Sehnsüchten etc., die nicht wie eine einfache visuelle Wahrnehmung einem unveränderlichen äußeren Gegenstand entsprechen. Doch es ist bequem, dieser ununterbrochenen Veränderung keine Aufmerksamkeit zu schenken und sie erst dann zu bemerken, wenn sie groß genug wird, dem Körper eine neue Haltung aufzuprägen und der Aufmerksamkeit eine neue Richtung zu geben. Genau in diesem Augenblick meinen wir, unser Zustand habe sich geändert. In Wahrheit aber verändern wir uns ohne Unterlaß, und schon der Zustand selbst ist Veränderung.

Das bedeutet, daß es keinen Wesensunterschied gibt zwischen dem Übergehen aus einem Zustand in den anderen und dem Verharren im selben Zustand. Ebenso wie der Zustand, welcher »derselbe bleibt«, mehr Veränderung birgt, als man meint, ähnelt umgekehrt der Übergang von einem Zustand in den anderen mehr, als man meint, einem selben Zustand, der weiter andauert. Der Übergang ist kontinuierlich. Eben aber weil wir die Augen vor der unablässigen Wandlung jedes psychologischen Zustands verschließen, müssen wir, wenn die Veränderung beträchtlich genug wird, um sich unserer Aufmerksamkeit aufzuzwingen, so reden, als ob sich ein neuer Zustand an den früheren gereiht hätte. Von diesem seinerseits setzen wir voraus, er bleibe in sich unwandelbar, und immer so weiter und so fort. Die scheinbare Diskontinuität des psychologischen Lebens rührt also daher, daß unsere

Aufmerksamkeit sich ihm in einer Reihe diskontinuierlicher Akte zuwendet: Wo nur ein sanfter Abhang ist, glauben wir, der gebrochenen Linie unserer Aufmerksamkeitsakte folgend, die Stufen einer Treppe zu erkennen. Gewiß, unser psychologisches Leben ist voll von Unvorhergesehenem. Tausend Zwischenfälle brechen herein und scheinen sich von dem, was ihnen vorangeht, scharf abzuheben, und dem, was ihnen folgt, so gar nicht zu verbinden. Doch diese Diskontinuität ihres Auftauchens hebt sich von der Kontinuität eines Grundes ab, in dem sie Gestalt annehmen und dem sie gerade jene Intervalle verdanken, die sie voneinander trennen: Sie sind die Paukenschläge, die hie und da in der Symphonie aufdröhnen. An sie heftet sich unsere Aufmerksamkeit, weil sie für sie von größerem Interesse sind, doch jeder einzelne von ihnen wird durch die flüssige Masse unserer gesamten psychologischen Existenz getragen. Jeder einzelne von ihnen ist nur der am besten beleuchtete Punkt eines bewegten Bereichs, der alles umfaßt, was wir fühlen, denken, wollen, kurz: alles, was wir in einem bestimmten Augenblick sind. Und dieser gesamte Bereich ist es, der in Wirklichkeit unseren Zustand ausmacht. Von den in dieser Weise definierten Zuständen kann man nun sagen, daß sie keine gesonderten Elemente sind. Sie setzen einander fort in einem endlosen Fließen. *EC 1–3*

2. Die Dauer und das Ich

Daß unsere gewöhnliche Konzeption der Dauer durchaus von einer graduellen Invasion des Raumes in das Gebiet des reinen Bewußtseins herrührt, wird dadurch bewiesen, daß es, um das Ich der Fähigkeit zu berauben, eine homogene Zeit wahrzunehmen, genügt, jene oberflächlichere Schicht psychischer Tatsachen von ihm abzulösen, die es als Regulatoren verwendet.[1] Der Traum

[1] Diese Illusion, die uns die Dauer mit einer homogenen Zeit ver-

versetzt uns genau in diese Bedingungen; denn der Schlaf verlangsamt das Spiel der organischen Funktionen und modifiziert dadurch insbesondere die Kommunikationsoberfläche zwischen dem Ich und den äußeren Dingen. Wir messen die Dauer dann nicht mehr, sondern wir fühlen sie; sie kehrt von der Quantität in den Zustand der Qualität zurück; die mathematische Beurteilung der abgelaufenen Zeit bleibt aus und macht einem wirren Instinkt Platz, der wie alle Instinkte gröbste Irrtümer begehen, zuweilen aber auch mit außergewöhnlicher Sicherheit verfahren kann. Selbst im Wachzustand sollte uns die alltägliche Erfahrung lehren, einen Unterschied zwischen der Qualitätsdauer – jener, die das Bewußtsein unmittelbar erreicht und die vermutlich das Tier wahrnimmt – und der sozusagen materialisierten Zeit zu machen, der Zeit, die durch eine Entfaltung im Raum zur Quantität geworden ist. Im selben Moment, in dem ich diese Zeilen schreibe, schlägt eine benachbarte Turmuhr die volle Stunde; doch mein abgelenktes Ohr bemerkt dies erst, nachdem schon mehrere Schläge zu hören waren; ich habe sie also nicht gezählt. Und dennoch genügt mir eine rückwärtsgewandte Aufmerksamkeitsanstrengung, um die vier bereits erklungenen Schläge zusammenzuzählen und sie denen hinzuzufügen, die ich höre. Wenn ich nun, mich in mich selbst zurückwendend, gründlich nachforsche, was soeben geschehen ist, so werde ich gewahr, daß die vier ersten Schläge an mein Ohr rührten und sogar mein Bewußtsein bewegten, aber daß die durch jeden von ihnen hervorgerufenen Empfindungen, anstatt sich nebeneinander aufzureihen, ineinander verschmolzen sind, so daß sie dem Ganzen einen eigenen Aspekt verliehen, eine Art musikalische Phrase daraus machten. Um rückblickend die Anzahl der erklungenen Schläge zu ermitteln, habe ich versucht, diese Phrase in Gedanken zu rekonstruieren; meine Einbildungs-

wechseln läßt, das heißt mit »einer symbolischen Vorstellung [...], die aus der Ausgedehntheit bezogen wird«, prangert Bergson wieder und wieder an. Ihre detaillierte Analyse findet man in den Texten 6, 7 und 8.

kraft hat erst einen, dann zwei, dann drei Schläge geschlagen, und solange sie nicht bei der genauen Zahl von vier Schlägen angelangt ist, hat die zu Rate gezogene Empfindungsfähigkeit zurückgemeldet, daß der Gesamteffekt sich qualitativ unterscheide. Sie hatte also auf ihre Art das Nacheinander der vier erklungenen Schläge festgestellt, jedoch ganz anders als durch eine Addition und ohne das Bild eines Nebeneinanders unterschiedener Elemente heranzuziehen. Kurz, die Zahl der erklungenen Schläge wurde als Qualität wahrgenommen und nicht als Quantität; so präsentiert sich die Dauer dem unmittelbaren Bewußtsein, und sie bewahrt diese Form, solange sie nicht einer symbolischen Vorstellung weicht, die aus der Ausgedehntheit bezogen wird. – Wir wollen daher abschließend zwischen zwei Formen der Vielheit unterscheiden, zwei sehr verschiedenen Einschätzungen der Dauer, zwei Aspekten des bewußten Lebens. Unter der homogenen Dauer, dem extensiven Symbol der wahren Dauer, legt eine aufmerksame Psychologie eine Dauer frei, deren heterogene Momente einander durchdringen; unter der numerischen Vielheit der Bewußtseinszustände eine qualitative Vielheit; unter dem Ich wohldefinierter Zustände ein Ich, in dem das Nacheinander Verschmelzung und organische Strukturierung impliziert. Doch wir begnügen uns zumeist mit dem ersteren, das heißt mit dem in den homogenen Raum geworfenen Schatten des Ich. Das von einem unersättlichen Verlangen nach Unterscheidung gequälte Bewußtsein ersetzt die Wirklichkeit durch das Symbol oder wird der Wirklichkeit nur durch das Symbol hindurch gewahr. Da das so in sich gebrochene[1] und eben dadurch untergliederte Ich unendlich viel besser für die Anforderungen des sozialen Lebens im allgemeinen und der Sprache im besonderen geeignet ist, zieht das Bewußtsein dieses vor und verliert nach und nach das fundamentale Ich aus dem Blick. *DI 94–96*

[1] Im Sinne der Lichtbrechung. [A. d. Ü.]

3. Jenseits der Psychologie: Die Dauer ist das Ganze

[...] das Nacheinander ist selbst in der materiellen Welt eine unbestreitbare Tatsache. Und mögen unsere Vernunftüberlegungen über die isolierten Systeme noch so zwingend ergeben, daß die vergangene, gegenwärtige und künftige Geschichte jedes dieser Systeme sich mit einem Schlage gleich einem Fächer entfalten ließe, so entwickelt sich diese Geschichte doch um nichts weniger nur nach und nach, eines nach dem anderen, als ob sie eine der unseren analoge Dauer ausfülle. Will ich mir ein Glas Zukkerwasser bereiten, so muß ich, wie ich es auch anstellen mag, warten, bis der Zucker schmilzt. Dieses kleine Faktum ist sehr aufschlußreich. Denn die Zeit, die ich warten muß, ist nicht mehr jene mathematische, die sich auch dann noch mit der Erstrekkung der gesamten Geschichte der materiellen Welt zur Deckung bringen ließe, wenn diese auf einen Schlag im Raum hingebreitet wäre. Sie fällt zusammen mit meiner Ungeduld, das heißt mit einem Teil meiner eigenen Dauer, der weder willkürlich ausdehnbar noch einschrumpfbar ist. Es handelt sich nicht mehr um etwas Gedachtes, sondern um etwas Erlebtes. Es geht nicht mehr um eine Relation, sondern um etwas Absolutes.[1] Was aber soll das heißen, wenn nicht, daß das Glas Wasser, der Zucker und der Auflösungsprozeß des Zuckers im Wasser zweifellos Abstraktionen sind und daß das Ganze, in dem sie durch meine Sinne und meinen Verstand abgegrenzt wurden, vielleicht in der Art eines Bewußtseins im Fortschreiten begriffen ist?

Gewiß, das Verfahren, durch welches die Wissenschaft ein System isoliert und in sich abschließt, ist kein ganz und gar künstliches Verfahren. Besäße es keine sachliche Grundlage, so bliebe unbegreiflich, warum es in gewissen Fällen völlig angebracht und in anderen unmöglich ist. Wir werden sehen, daß die Materie eine Tendenz dazu hat, isolierbare, geometrisch behandelbare Systeme

[1] Vgl. Text 10.

zu bilden.[1] Wir werden sie sogar gerade durch diese Tendenz definieren. Doch es ist nur eine Tendenz. Die Materie führt sie nicht zu Ende, und die Isolierung wird nie eine vollständige. Und wenn die Wissenschaft sie zu Ende führt und etwas vollständig isoliert, so nur der Bequemlichkeit der Untersuchung zuliebe. Stillschweigend setzt sie voraus, daß das als isoliert bezeichnete System gewissen äußeren Einflüssen unterworfen bleibt. Nur läßt sie diese schlicht beiseite, sei es, weil sie ihr schwach genug erscheinen, um vernachlässigt zu werden, sei es, weil sie sich vorbehält, sie später zu berücksichtigen. Deshalb aber bleibt es nicht minder wahr, daß all diese Einflüsse Fäden sind, die das System mit einem anderen, umfassenderen verknüpfen, dieses mit einem dritten, das beide umschließt, und so fort bis hin zu dem im objektivsten Sinne isolierten und unabhängigsten System: dem Sonnensystem in seiner Gesamtheit. Doch selbst hier ist die Isolation nicht absolut. Unsere Sonne strahlt Wärme und Licht bis über den fernsten Planeten hinaus. Und außerdem bewegt sie sich selbst und reißt die Planeten und ihre Satelliten in einer bestimmten Richtung mit sich fort. Zwar ist der Faden, der sie mit dem übrigen Universum verknüpft, zweifellos sehr dünn. Dennoch ist er es, an dem entlang sich die der Gesamtheit des Universums innewohnende Dauer fortpflanzt, bis hin zum winzigsten Teilchen der Welt, in der wir leben.

Das Universum dauert. Je tiefer wir das Wesen der Zeit ergründen, desto mehr begreifen wir, daß Dauer Erfindung, Schöpfung von Formen, kontinuierliche Bildung von absolut Neuem bedeutet.[2] Die durch die Wissenschaft abgegrenzten Systeme dauern allein dadurch, daß sie mit dem übrigen Universum unauflöslich verknüpft sind. Allerdings müssen im Universum selbst, wie später dargelegt werden soll, zwei entgegengesetzte Bewegungen unterschieden werden: eine des »Abstiegs« und eine des

[1] Vgl. Texte 57, 60, 67.
[2] Vgl. Text 74.

»Aufstiegs«.[1] Die erste wickelt nur eine schon vorgefertigte Rolle ab. Sie könnte sich im Prinzip beinahe momenthaft vollziehen, so wie eine aufgezogene Feder, die sich entspannt. Die zweite dagegen, die einem inneren Werk der Reifung oder der Schöpfung entspricht, dauert wesensmäßig und zwingt jener ersten, von ihr nicht zu trennenden, ihren Rhythmus auf. *EC 9–11*

4. Das Ganze und das Leben

Wir werden antworten, daß wir die fundamentale Identität von roher und organisch-strukturierter Materie nicht bestreiten.[2] Die einzige Frage ist nur, ob die natürlichen Systeme, die wir Lebewesen nennen, den künstlichen Systemen gleichgestellt werden sollen, die die Wissenschaft in der rohen Materie abgrenzt, oder ob sie nicht vielmehr jenem natürlichen System verglichen werden sollten, das das Ganze des Universums ausmacht. Daß das Leben eine Art Mechanismus ist, gebe ich gerne zu. Ist es aber der Mechanismus der im Ganzen des Universums künstlich isolierbaren Teile oder der des realen Ganzen? Das reale Ganze, so sagten wir, könnte gut eine unteilbare Kontinuität sein: Die darin abgegrenzten Systeme wären dann keineswegs Teile im eigentlichen Sinne, sondern es wären partielle Anblicke des Ganzen. Und mit diesen Stück für Stück aneinandergelegten partiellen Anblicken wird es einem nicht einmal im Ansatz gelingen, das Ganze wieder zusammenzusetzen, ebensowenig wie man mit immer neuen Photographien eines Gegenstandes, aus tausend verschiedenen Blickwinkeln, dessen Materialität reproduzieren wird. Gleiches

[1] Vgl. Text 57.

[2] Gewisse Biologen werfen der Lebensphilosophie vor, die Unterschiedenheit von zwei Materien zu postulieren. Bergson wird zeigen, daß das Problem einer Lebensphilosophie, die darum besorgt ist, die Eigenart ihres Gegenstandes zu wahren, keineswegs diesen Punkt betrifft.

gilt auch für das Leben und die physikochemischen Phänomene, in die man es aufzulösen vorgibt. Mit Sicherheit wird die Analyse in den Prozessen organischer Schöpfung eine wachsende Anzahl physikochemischer Phänomene entdecken. Und dabei werden es die Physiker und die Chemiker bewenden lassen. Daraus folgt aber nicht, daß Physik und Chemie uns den Schlüssel zum Leben bieten müssen.

Ein sehr kleiner Teil einer Kurve ist fast eine gerade Linie. Er wird einer geraden Linie um so ähnlicher, je kleiner man ihn ansetzt. Im Grenzfall kann man ihn nach Belieben Teil einer Kurve oder Teil einer Geraden nennen. In der Tat verschmilzt die Kurve in jedem ihrer Punkte mit ihrer Tangente. Und in diesem Sinne wird auch die »Vitalität« in jedem beliebigen Punkt von physikalischen und chemischen Kräften tangiert; nur sind diese Punkte letztlich bloß von einem Geist festgehaltene Anblicke, der sich vorstellt, die Entstehungsbewegung der Kurve würde in diesem oder jenem Moment innehalten. In Wirklichkeit jedoch besteht das Leben ebensowenig aus physikochemischen Elementen, wie eine Kurve aus geraden Linien zusammengesetzt ist. *EC 30–31*

5. Das Ganze und die Koexistenz der Dauern

Strenggenommen könnte es sein, daß keine andere Dauer als die unsere existiert, ebenso wie es in der Welt keine andere Farbe als beispielsweise Orange zu geben bräuchte. Doch ebenso wie ein Bewußtsein auf Farbbasis, das innerlich mit dem Orange sympathisierte, anstatt es äußerlich wahrzunehmen, sich zwischen Rot und Gelb versetzt fühlen würde, vielleicht unter jener letzteren Farbe ein ganzes Spektrum erahnen würde, in dem sich auf natürliche Weise die Kontinuität fortsetzt, die vom Rot zum Gelb übergeht, so würde die Intuition unserer Dauer, weit entfernt davon, uns im Leeren hängen zu lassen, wie es die reine Analyse täte, uns mit einer ganzen Kontinuität von Dauern in Berührung bringen, die wir entweder nach unten oder nach oben zu verfolgen versuchen müssen: In beiden Fällen können wir uns kraft einer immer gewaltsameren Anstrengung unbegrenzt ausweiten, in beiden Fällen transzendieren wir uns selbst. Im ersten Fall gehen wir einer immer stärker zerstreuten Dauer entgegen, deren Herzschläge, schneller als die unseren, unsere einfache Empfindung unterteilen und deren Qualität in Quantität auflösen: An der Grenze stünde das rein Homogene, die reine *Wiederholung*, durch die wir die Materialität definieren werden. Wenn wir in die andere Richtung gehen, bewegen wir uns auf eine Dauer zu, die sich immer stärker spannt, zusammenzieht und intensiviert: An ihrer Grenze stünde die Ewigkeit. Jedoch nicht mehr die begriffliche Ewigkeit, die eine Ewigkeit des Todes ist, sondern eine Ewigkeit des Lebens. Eine lebendige und folglich sich noch bewegende Ewigkeit, in der unsere eigene Dauer sich wiederfinden würde wie die Schwingungen im Licht und die die höchste Konzentration aller Dauer wäre, so wie die Materialität deren Zerstreuung ist. Zwischen diesen beiden äußersten Grenzen bewegt sich die Intuition, und diese Bewegung ist die Metaphysik.[1] *PM 210–211*

B) Die Wesenszüge der Dauer

6. Dauer ist das, was seine Natur ändert

[...] stellen wir uns einmal eine endlose gerade Linie vor und auf dieser Linie einen materiellen Punkt A, der sich bewegt. Wenn dieser Punkt ein Bewußtsein von sich selbst erlangte, würde er spüren, daß er sich verändert, da er sich bewegt: Er würde ein Nacheinander wahrnehmen – würde aber dieses Nacheinander für ihn die Form einer Linie annehmen? Ja, zweifellos, unter der Bedingung, daß er sich irgendwie über die Linie, die er durchläuft,

[1] Vgl. Texte 17, 22, 26.

erheben könnte und von ihr gleichzeitig mehrere nebeneinanderliegende Punkte erkennen könnte: Doch eben dadurch würde er die Idee des Raumes bilden, und es wäre der Raum, in dem er die Veränderungen, denen er unterworfen ist, ablaufen sähe, und nicht die reine Dauer. Wir legen hier den Finger auf den Irrtum derer, die die reine Dauer für etwas dem Raum Analoges halten, das lediglich von einfacherer Natur sei. Sie vergnügen sich damit, psychologische Zustände nebeneinander zu reihen, daraus eine Kette oder eine Linie zu formen, und nicht im Traum fiele ihnen ein, daß sie bei diesem Vorgehen die Idee des Raumes im eigentlichen Sinne, die Idee des Raumes in ihrer Totalität heranziehen, da der Raum ja ein dreidimensionales Milieu ist. Wer aber sähe nicht, daß man, um eine Linie in Form einer Linie wahrzunehmen, sich außerhalb ihrer plazieren, sich der Leere, die sie umgibt, bewußt sein und folglich einen dreidimensionalen Raum denken muß? Wenn unser mit Bewußtsein begabter Punkt A noch nicht die Idee des Raumes besitzt – und ins Feld ebendieser Hypothese müssen wir uns stellen –, dann könnte das Nacheinander der Zustände, durch die er hindurchgeht, für ihn nicht die Form einer Linie annehmen; sondern seine Empfindungen würden sich dynamisch miteinander summieren und sich untereinander organisch strukturieren, wie es die aufeinanderfolgenden Noten einer Melodie tun, von der wir uns wiegen lassen. Kurz, die reine Dauer könnte sehr gut lediglich ein Nacheinander qualitativer Veränderungen sein, die miteinander verschmelzen und sich durchdringen, ohne scharfe Konturen, ohne die geringste Tendenz, einander äußerlich zu werden, und ohne die geringste Verwandtschaft mit der Zahl: Es wäre die reine Heterogenität. *DI 76–77*

7. Dauer ist qualitative Vielheit

Doch noch ein anderer Schluß ergibt sich aus dieser Analyse: und zwar, daß die Vielheit der Bewußtseinszustände, in ihrer ursprünglichen Reinheit betrachtet, keinerlei Ähnlichkeit aufweist mit der unterschiedenen Vielheit, die eine Zahl darstellt. Es läge dort, so sagten wir, eine qualitative Vielheit vor. Kurz, man müßte zwei Arten von Vielheit annehmen, zwei mögliche Bedeutungen des Wortes ›unterscheiden‹, zwei Konzeptionen – die eine qualitativ, die andere quantitativ – des Unterschieds zwischen dem *selben* und dem *anderen*. Einmal enthalten diese Vielheit, diese Unterscheidung und diese Heterogenität die Zahl nur in potentia, wie Aristoteles sagen würde; das heißt, daß das Bewußtsein eine qualitative Unterscheidung vornimmt, ohne jeglichen Hintergedanken, die Qualitäten zu zählen oder auch nur *mehrere* daraus zu machen: Es liegt dort also durchaus Vielheit ohne Quantität vor. Und einmal handelt es sich im Gegenteil um eine Vielheit von Elementen, die gezählt werden oder die man als zählbar betrachtet; dann jedoch denkt man an die Möglichkeit, sie einander äußerlich werden zu lassen: Man entfaltet sie im Raum. Leider sind wir so sehr daran gewöhnt, jede dieser beiden Bedeutungen desselben Wortes durch die jeweils andere zu erhellen, sogar je eine in der anderen zu erblicken, daß es uns unglaublich schwerfällt, sie zu unterscheiden oder zumindest diese Unterscheidung sprachlich auszudrücken. So sagten wir, daß mehrere Bewußtseinszustände sich untereinander organisch strukturieren, sich durchdringen, sich mehr und mehr anreichern und so einem Ich, das den Raum nicht kennt, das Gefühl der reinen Dauer vermitteln; doch schon um das Wort »mehrere« zu verwenden, hatten wir diese Zustände voneinander isoliert, sie einander äußerlich werden lassen, mit einem Wort: sie nebeneinander gereiht; und so verrieten wir, durch ebenjenen Ausdruck, auf den wir zurückgreifen mußten, die tief verwurzelte Gewohnheit, die Zeit im Raum zu entfalten. Es ist das Bild dieser einmal vollzogenen

Entfaltung, dem wir notwendigerweise die Begriffe entlehnen, die dazu dienen sollen, den Zustand einer Seele zu beschreiben, die diese Entfaltung noch in keiner Weise vollzogen hat: Diese Begriffe sind also mit einem Ur-Makel behaftet, und die Vorstellung einer Vielheit ohne Bezug zu Zahl oder Raum läßt sich, wenngleich sie für ein Denken, das sich in sich selbst kehrt und seine Umwelt vergißt, ganz klar ist, nicht in die Sprache des gemeinen Menschenverstandes übersetzen. Und doch vermögen wir die Idee der unterschiedenen Vielheit selbst nicht zu bilden, ohne parallel dazu dasjenige in Betracht zu ziehen, was wir eine qualitative Vielheit genannt haben. Wenn wir explizit Einheiten zählen, indem wir sie im Raum aufreihen, ist es dann nicht wahr, daß sich neben dieser Addition, deren identische Elemente sich auf einem homogenen Untergrund abzeichnen, in den Tiefen der Seele eine organische Strukturierung dieser Einheiten miteinander fortsetzt, ein ganz dynamischer Prozeß, der der rein qualitativen Vorstellung, die ein empfindungsfähiger Amboß von der wachsenden Zahl der Hammerschläge hätte, ziemlich analog ist? In diesem Sinne könnte man fast sagen, daß bei den alltäglich verwendeten Zahlen jede ihr emotionales Äquivalent hat. Die Kaufleute sind sich dessen wohl bewußt, und statt den Preis eines Gegenstandes mit einer runden Zahl von Francs zu beziffern, nennen sie die unmittelbar darunterliegende Zahl, stets bereit, eine ausreichend große Anzahl von Centimes hinterher zu schieben. Kurz, der Prozeß, durch den wir Einheiten zählen und aus ihnen eine unterschiedene Vielheit bilden, hat zwei Gesichter: Auf der einen Seite betrachten wir diese Einheiten als identisch, was nur unter der Bedingung denkbar ist, daß sie sich in einem homogenen Milieu aufreihen. Auf der anderen Seite jedoch modifiziert zum Beispiel die dritte Einheit, wenn sie zu den beiden anderen hinzutritt, die Natur, die Erscheinung und gleichsam den Rhythmus des Gesamten: Ohne diese gegenseitige Durchdringung und diesen in gewisser Weise qualitativen Fortschritt wäre keine Addition möglich. – Dank der Qualität der Quantität also bilden wir die Idee einer Quantität ohne Qualität. *DI 90–92*

8. Dauer ist Bewegung

Nimmt man zum Beispiel den fliegenden Pfeil: In jedem Augenblick, sagt Zenon[1], ist er unbewegt, da er nicht die Zeit hätte, sich zu bewegen, das heißt zwei aufeinanderfolgende Positionen einzunehmen, wenn man ihm nicht zumindest zwei Augenblicke zugestände. In einem bestimmten Moment ist er also in Ruhe an einem bestimmten Punkt. An jedem Punkt seiner Bahn unbewegt, ist er also während der gesamten Zeit, die er sich bewegt, unbewegt.

Richtig, wenn wir annehmen, daß der Pfeil jemals an einem Punkt seiner Bahn *sein* könne. Richtig, wenn der Pfeil, der etwas Bewegtes ist, je mit einer Position, die etwas Unbewegtes ist, in eins fiele. Doch der Pfeil *ist* nie an einem der Punkte seiner Bahn. Allerhöchstens darf man sagen, daß er dort sein könnte, in dem Sinne, daß er dort vorbeizieht und es ihm freistünde, dort anzuhalten. Freilich, wenn er dort anhielte, würde er dort bleiben, und es wäre keine Bewegung mehr, mit der wir es in diesem Punkt zu tun hätten. Die Wahrheit ist, daß wenn der Pfeil von Punkt A ausgeht, um in Punkt B niederzufallen, seine Bewegung AB als Bewegung genauso einfach, genauso unzerlegbar ist wie die Spannung des Bogens, der ihn abschießt. So wie das Schrapnell, das zerbirst, bevor es den Boden berührt, den Explosionsbereich mit einer unteilbaren Gefahr bedeckt, so entfaltet der Pfeil, der von A nach B geht, auf einen einzigen Schlag, wenn auch über

[1] Zenon von Elea, vorsokratischer Philosoph, Autor berühmter Paradoxien, die zum Gegenstand haben, nicht die Unmöglichkeit der Bewegung, sondern die Schwierigkeit eines Denkens der Bewegung zu zeigen. Es gibt wenige Philosophen, die nicht über die Zenonschen Paradoxe nachgedacht haben. Doch Bergson sollte diese Überlegungen erneuern. Vgl. Text 62.

eine gewisse Dauer erstreckt, seine unteilbare Bewegtheit. Angenommen, man zöge ein elastisches Band von A nach B – könnte man dessen Dehnung aufteilen? Der Flug des Pfeiles ist ebendiese Dehnung, genauso einfach wie sie, genauso unteilbar wie sie. Es ist ein einziger und einheitlicher Sprung. Man legt nun einen Punkt C im durchlaufenen Intervall fest und sagt, daß zu einem bestimmten Zeitpunkt der Pfeil in C war. Doch wenn er dort gewesen wäre, dann weil er dort angehalten hätte, und man hätte folglich nicht mehr einen Flug von A nach B, sondern zwei Flüge, einen von A nach C und den anderen von C nach B, mitsamt einem Ruheintervall. Eine einzige Bewegung ist, der Voraussetzung nach, gänzlich eine Bewegung zwischen zwei Stillständen: Wenn es Zwischenhalte gibt, ist es nicht mehr eine einzige Bewegung. Im Grunde rührt die Illusion daher, daß die *einmal vollzogene* Bewegung entlang ihres Verlaufes eine unbewegte Flugbahn hinterlassen hat, auf der man so viele Unbewegtheiten zählen kann, wie man nur will. Daraus schloß man, daß die *sich vollziehende* Bewegung in jedem Augenblick unter sich eine Position hinterläßt, mit der sie in eins gefallen war. Man sieht nicht, daß die Flugbahn auf einen Schlag geschaffen wird, auch wenn es dafür einer gewissen Zeit bedarf, und daß, obgleich die einmal geschaffene Flugbahn nach Belieben aufgeteilt werden kann, man ihre Schöpfung, die ein fortschreitender Akt und nicht ein Ding ist, nicht zu teilen vermag. Anzunehmen, daß das Bewegte an einem Punkt der Bahn *ist*, heißt also, mit einem an diesem Punkt vollzogenen Scherenschnitt die Bahn zu durchtrennen und durch zwei Flugbahnen die eine einzige zu ersetzen, die man zuerst betrachtet hatte. Es bedeutet, dort zwei aufeinanderfolgende Akte zu unterscheiden, wo der Voraussetzung nach nur einer ist. Kurz, es heißt, all das, was sich über das von ihm durchmessene Intervall sagen läßt, auf den Flug des Pfeiles selbst zu übertragen, was bedeutet, *a priori* jene Absurdität zuzugestehen, die besagt, daß die Bewegung mit dem Unbewegten in eins falle. *EC 308–309*

9. Dauer ist das Unteilbare und das Substantielle

Es ist gerade diese unteilbare Kontinuität von Veränderung, die die wahre Dauer ausmacht. Ich kann hier nicht in die tiefgehende Untersuchung einer Frage einsteigen, die ich an anderer Stelle behandelt habe.[1] Um jenen zu antworten, die in dieser »realen« Dauer was weiß ich für etwas Unsagbares und Mysteriöses sehen, werde ich mich also darauf beschränken, zu sagen, daß sie die klarste Sache der Welt ist: Die *reale Dauer* ist das, was man von jeher die *Zeit* genannt hat, aber die Zeit als unteilbar wahrgenommene. Daß die Zeit das Nacheinander impliziert, leugne ich nicht. Daß aber das Nacheinander sich unserem Bewußtsein zuerst als die Unterscheidung eines nebeneinandergereihten »Vorher« und »Nachher« präsentiert, das ist es, was ich nicht zugeben kann. Wenn wir eine Melodie hören, so haben wir den reinsten Eindruck von Nacheinander, den wir haben können – ein Eindruck, der so weit wie nur irgend möglich von dem der Gleichzeitigkeit entfernt ist –, und doch ist es gerade die Kontinuität der Melodie und die Unmöglichkeit, sie auseinanderzunehmen, die diesen Eindruck auf uns macht. Wenn wir sie in unterschiedene Noten zerschneiden, in ebenso viele »Vorher« und »Nachher«, wie uns beliebt, dann bedeutet das, daß wir dort räumliche Bilder hineinmischen und das Nacheinander mit Gleichzeitigkeit durchtränken: Im Raum, und nur im Raum allein, gibt es saubere Geschiedenheit einander äußerlicher Teile. Ich erkenne übrigens an, daß wir uns für gewöhnlich in die verräumlichte Zeit versetzen. Wir haben keinerlei Interesse daran, dem ununterbrochenen Summen des tiefen Lebens zu lauschen. Und doch ist die reale Dauer da. Dank ihr finden die mehr oder weniger langen Veränderungen, denen wir in uns selbst und in der äußeren Welt beiwohnen, in ein und derselben Zeit statt.

[1] Schon in *Les données immédiates* und später dann in *Matière et mémoire*.

So ist, ob es sich nun um das Innen oder das Außen von uns selbst oder von den Dingen handelt, die Wirklichkeit die Bewegtheit selbst. Das ist es, was ich mit den Worten ausgedrückt habe, daß es Veränderung gibt, aber keine Dinge, die sich verändern.

Angesichts des Schauspiels dieser universalen Bewegtheit erfaßt einige unter uns ein Schwindel. Sie sind festen Boden unter den Füßen gewohnt und können sich an das Schlingern und Stampfen des Schiffes nicht gewöhnen. Sie brauchen »Fix«punkte, an denen sie das Denken und die Existenz festmachen können. Sie sind der Ansicht, daß, wenn alles vorübergeht, nichts existiert; und daß, wenn die Wirklichkeit Bewegtheit ist, sie schon in dem Moment, in dem man sie denkt, nicht mehr ist und sich so dem Denken entzieht. Die materielle Welt, so sagen sie, wird sich auflösen und der Geist in dem reißenden Fluß der Dinge ertrinken. – Sie seien beruhigt! Wenn sie sich nur darauf einlassen, die Veränderung direkt und ohne zwischengeschobene Schleier zu betrachten, so wird sie ihnen schnell als das Substantiellste und Dauerhafteste erscheinen, was es in der Welt geben kann. Ihre Solidität ist der Solidität einer Starrheit, die nur ein flüchtiges Arrangement zwischen Bewegtheiten ist, unendlich überlegen.

PM 166–167

10. Die Dauer ist das Absolute

Solange man die Bewegung auf die Linie stützt, die sie durchläuft, erscheint einem derselbe Punkt mal in Ruhe, mal in Bewegung, je nachdem auf welchen Ursprung man ihn zurückführt. Anders wird dies, wenn man aus der Bewegung die Bewegtheit herauslöst, die deren Wesen ausmacht. Wenn meine Augen mir die Empfindung einer Bewegung liefern, dann ist diese Empfindung eine Realität und es geschieht tatsächlich etwas, sei es, daß ein Gegenstand vor meinen Augen seinen Platz wechselt, sei es, daß meine Augen sich vor diesem Gegenstand bewegen. Und noch sicherer bin ich mir der Realität der Bewegung, wenn ich sie hervorbringe, nachdem ich sie hervorbringen wollte, und der Muskelsinn mir das Bewußtsein davon vermittelt. Das heißt, daß ich die Wirklichkeit der Bewegung berühre, wenn sie mir – in mir selbst – wie eine Veränderung des *Zustands* oder der *Qualität* erscheint. Wie aber sollte es nun nicht ebenso sein, wenn ich Qualitätsveränderungen in den Dingen wahrnehme? Der Klang unterscheidet sich radikal von der Stille, wie auch ein Klang von einem anderen. Zwischen Licht und Dunkelheit, zwischen Farben und zwischen Nuancen ist der Unterschied ein absoluter. Und der Übergang von einem zum anderen ist ebenso ein absolut reales Phänomen. Ich halte also die beiden äußersten Enden der Kette in Händen, die muskulären Empfindungen in mir und die Empfindungsqualitäten der Materie außerhalb von mir, und ebensowenig im einen wie im anderen Fall erfasse ich die Bewegung – wenn es dort Bewegung gibt – als eine schlichte Relation: Sie ist ein Absolutes. – Zwischen diesen beiden äußersten Enden ordnen sich die Bewegungen der äußeren *Körper* im eigentlichen Sinne ein. Wie soll man hier eine scheinbare von einer realen Bewegung unterscheiden? Von welchem äußerlich wahrgenommenen Gegenstand kann man sagen, daß er sich bewegt, von welchem anderen, daß er unbewegt bleibt? Eine solche Frage zu stellen hieße zugeben, daß die Scheidung begründet ist, die der gemeine Menschenverstand vornimmt, wenn er eine Diskontinuität voneinander unabhängiger Gegenstände herstellt, von denen jeder seine Individualität besitzt, vergleichbar mit Arten von Personen. In der gegenteiligen Hypothese ginge es in der Tat nicht mehr darum, wie sich in diesen oder jenen bestimmten *Teilen* der Materie Positionsveränderungen ereignen, sondern darum, wie sich im *Ganzen* eine Veränderung der Erscheinung vollzieht, eine Veränderung, deren Natur wir im übrigen noch zu bestimmen haben. *MM 218–220*

C) Die Intuition als Methode

11. Die Notwendigkeit einer Methode, um die wahren Probleme und die Wesensunterschiede zu finden

Warum sollte die Philosophie eine Unterteilung akzeptieren, die beste Aussichten hat, den Untergliederungen des Wirklichen nicht zu entsprechen? Und dennoch akzeptiert sie diese normalerweise. Sie nimmt das Problem so hin, wie es durch die Sprache gestellt wird. Sie verdammt sich also im voraus dazu, eine schon vorgefertigte Lösung zu erhalten oder, im besten Falle, schlicht zwischen zwei oder drei Lösungen zu wählen, den einzig möglichen, die gleich-ewig mit dieser Art, das Problem zu stellen, gegeben sind. Genausogut könnte man sagen, daß alle Wahrheit schon virtuell erkannt ist, daß ihr Muster in der Verwaltungskartei der Polis abgelegt ist und daß die Philosophie ein *Puzzle*-Spiel ist, bei dem es darum geht, aus den Teilen, die die Gesellschaft uns liefert, das Bild, das sie uns nicht zeigen will, zu rekonstituieren. Genausogut könnte man dem Philosophen die Rolle und die Haltung des Schülers zuschreiben, der die Lösung sucht und sich sagt, daß ein indiskreter Blick ihn diese im Heft des Lehrers finden ließe, wo sie notiert ist und nur darauf wartet, ausgesprochen zu werden. Doch die Wahrheit ist, daß es in der Philosophie, und sogar anderenorts, mehr darum geht, das Problem zu *finden* und folglich es zu *stellen*, als es zu lösen. Denn ein spekulatives Problem ist gelöst, sobald es gut gestellt ist. Ich verstehe darunter, daß seine Lösung dann sogleich existiert, selbst wenn sie verborgen bleiben kann und sozusagen verdeckt: Man muß sie dann nur noch *ent*decken. Das Problem zu stellen hingegen heißt nicht einfach nur entdecken, sondern heißt erfinden. Die Entdeckung betrifft das, was schon existiert, aktuell oder virtuell; es war also gewiß, daß sie früher oder später einmal kommen würde. Die Erfindung verleiht dem, was nicht war, das Sein, sie hätte auch niemals kommen können. Schon in der Mathematik und um so mehr noch in der Metaphysik besteht die Erfindungsanstrengung zumeist darin, das Problem hervorzurufen, die Begriffe zu erschaffen, in denen es sich stellen wird. Stellung und Lösung des Problems sind hier sehr nahe daran, einander gleichzukommen: Die wahren großen Probleme werden erst gestellt, wenn sie gelöst sind. Doch viele kleine Probleme sind in derselben Lage. Ich schlage ein Grundlagentraktat der Philosophie auf. Eines der ersten Kapitel handelt von Lust und Unlust. Dort wird dem Schüler eine Frage wie diese gestellt: »Ist die Lust das Glück, oder ist sie es nicht?« Doch zuerst müßte man wissen, ob Lust und Glück Gattungen sind, die einer natürlichen Einteilung der Dinge entsprechen. Der Satz könnte allenfalls einfach bedeuten: »Muß man angesichts des gewöhnlichen Sinnes der Ausdrücke *Lust* und *Glück* sagen, daß das Glück eine Folge von Lustempfindungen ist?« Es ist dann also eine lexikologische Frage, und man wird sie nur lösen können, indem man herauszufinden sucht, wie die Wörter »Lust« und »Glück« von den Schriftstellern verwendet wurden, die die Sprache am besten zu handhaben wußten. Man wird damit im übrigen nützliche Arbeit leisten; man wird zwei gebräuchliche Begriffe, das heißt zwei gesellschaftliche Gewohnheiten, besser definiert haben. Gibt man aber vor, mehr als dies zu tun, Realitäten zu erfassen und nicht Konventionen auf den Punkt zu bringen, warum sollen dann Begriffe, die vielleicht künstlich sind (wir wissen nicht, ob sie es sind oder nicht, da wir den Gegenstand noch nicht studiert haben), ein Problem stellen, das die Natur der Dinge selbst betrifft? Nehmen wir einmal an, wir entdecken, wenn wir die unter dem Namen »Lust« zusammengefaßten Zustände untersuchen, an diesen nichts Gemeinsames, außer der Tatsache, daß sie Zustände sind, die der Mensch erstrebt: Die Menschheit hätte dann diese sehr verschiedenen Dinge in eine selbe Gattung eingeordnet, weil sie an ihnen dasselbe praktische Interesse hatte und auf alle in derselben Weise reagierte. Nehmen wir außerdem an, daß man zu einem analogen Ergebnis käme, wenn man die Idee des Glücks analysierte. Sogleich verflüchtigt sich das Problem, oder vielmehr: Es löst sich in ganz neue Probleme auf, von denen wir nichts wissen können und von denen wir noch nicht einmal die Begriffe besitzen, bevor wir nicht jene menschliche Aktivität in sich selbst studiert haben, von der die Gesellschaft, um die allgemeinen Ideen *Lust* und *Glück* zu bilden, von außen her Anblicke aufgenommen hat, die vielleicht künstliche sind. Weiter noch müßte man sich zuerst versichert haben, daß der Begriff einer »menschlichen Aktivität« seinerseits einer natürlichen Einteilung entspricht. In dieser Auseinanderlegung des Wirklichen gemäß seinen eigenen Tendenzen liegt die Hauptschwierigkeit, sobald man das Reich der Materie verlassen hat und in das des Geistes eingetreten ist. *PM 51–53*

12. Die Kritik der falschen Probleme

Diese Bemühung wird gewisse Problemphantome austreiben, von denen der Metaphysiker, das heißt ein jeder von uns, besessen ist. Ich möchte von jenen beängstigenden und unlösbaren Problemen sprechen, die nicht das, was ist, betreffen, sondern eher das, was nicht ist. Ein solches ist das Problem des Ursprungs des Seins: »Wie kann es sein, daß etwas existiert – Materie, Geist oder Gott? Dazu war eine Ursache erforderlich und eine Ursache der Ursache und immer so weiter und so fort.« Wir schreiten also von Ursache zu Ursache weiter zurück; und wenn wir irgendwo stehenbleiben, dann nicht, weil unsere Intelligenz nichts mehr jenseits dessen suchen würde, sondern weil unsere Einbildungskraft schließlich, wie über einem Abgrund, die Augen verschließt, um dem Schwindel zu entgehen. Ein solches ist auch das Problem der Ordnung im allgemeinen: »Warum eine geordnete Wirklichkeit, in der sich unser Denken wie in einem Spiegel wiederfindet? Warum ist die Welt nicht inkohärent?« Ich sage, daß sich diese Probleme eher auf das beziehen, was nicht ist, als auf das, was ist. In der Tat würde man niemals darüber staunen, daß etwas existiert – Materie, Geist, Gott –, wenn man nicht implizit zugeben würde, daß auch nichts existieren könnte. Wir stellen uns vor, oder besser: wir glauben uns vorzustellen, daß das Sein gekommen sei und eine Leere ausgefüllt habe und daß das Nichts der Logik nach vor dem Sein existiere: Die primordiale Wirklichkeit – ob man sie Materie, Geist oder Gott nennt – würde also zu diesem hinzutreten, und das ist unbegreiflich. Ebenso würde man sich nicht fragen, warum die Ordnung existiert, wenn man nicht glauben würde, eine Unordnung zu erkennen, die sich der Ordnung gebeugt hätte und die ihr folglich vorausginge, zumindest ideell. Die Ordnung bedürfte demnach einer Erklärung, während die Unordnung, die de jure bestünde, keinerlei Erklärung erforderte. Dies ist der Standpunkt, auf dem man zu verharren droht, wenn man lediglich zu verstehen versucht. Versuchen wir aber einmal, darüber hinaus auch etwas zu erzeugen (was uns offensichtlich nur im Denken gelingen kann). In dem Maße, in dem wir unseren Willen ausweiten, in dem wir versuchen, unser Denken aufs neue darin zu absorbieren, und in dem wir mehr mit dem Streben sympathisieren, das die Dinge erzeugt, weichen diese gewaltigen Probleme zurück, werden kleiner und verschwinden. Denn wir spüren, daß ein göttlich schöpferischer Wille oder ein solches Denken in all seiner Unermeßlichkeit an Wirklichkeit zu sehr von sich selbst erfüllt ist, als daß die Idee eines Mangels an Ordnung oder Sein es auch nur streifen könnte. Sich die Möglichkeit der absoluten Unordnung und mehr noch die des Nichts vorzustellen hieße für es, sich zu sagen, daß es auch gar nicht hätte existieren können, und darin läge eine Schwäche, die mit seiner Natur, die Kraft ist, inkompatibel wäre. Je mehr wir uns ihm zuwenden, um so anormaler und krankhafter erscheinen uns die Zweifel, die den normalen und gesunden Menschen quälen. Erinnern wir uns an den zwanghaften Zweifler, der ein Fenster schließt und zurückkehrt, um zu überprüfen, ob er es richtig geschlossen hat, dann wieder seine Überprüfung überprüft und immer so weiter und so fort. Wenn wir ihn nach seinen Beweggründen fragen, wird er uns antworten, daß jedesmal, wenn er das Fenster besser zu schließen trachtete, er es wieder geöffnet haben könnte. Und wenn er Philosoph ist, so wird er die Unschlüssigkeit seines Verhaltens intellektuell zur folgenden Formulierung des Problems transponieren: »Wie kann man sicher sein, endgültig sicher sein, daß man getan hat, was man tun wollte?« Die Wahrheit aber ist, daß seine Handlungsfähigkeit beeinträchtigt ist, und das ist das Übel, an dem er leidet: Er hatte nur einen halben Willen, die Handlung zu vollbringen, und deshalb hinterläßt die vollbrachte Handlung in ihm nur eine halbe Gewißheit. Werden wir nun das Problem, das dieser Mensch sich stellt, lösen? Offensichtlich nicht, aber wir stellen es nicht – und darin besteht unsere Überlegenheit. Auf den ersten Blick könnte ich noch glauben, daß in ihm mehr zu finden sei als in mir, da wir einer wie der andere das Fenster schließen und er darüber hinaus noch eine philosophische Frage aufwirft, während ich keine solche aufwerfe. Doch die Frage, die bei ihm zu dem vollbrachten Werk hinzutritt, stellt in Wirklichkeit nur etwas Negatives dar; es ist kein Mehr, sondern ein Weniger: Es ist ein Defizit des Willens. Dies ist genau der Eindruck, den gewisse »große Probleme« auf uns machen, wenn wir uns in die Richtung des erzeugenden Denkens zurückbewegen: Sie tendieren gegen Null, je mehr wir uns ihm nähern, da sie nichts als der Abstand zwischen uns und diesem schöpferischen Denken sind. Und so entdecken wir die Illusion desjenigen, der meint, mehr zu tun, wenn er sie stellt, als wenn er sie nicht stellt. Es käme dem gleich, sich einzubilden, daß mehr in der halb ausgetrunkenen Flasche sei als in der vollen, da diese nur Wein enthalte, während in jener Wein und darüber hinaus noch Leere sei.

Doch sobald wir intuitiv das Wahre erfaßt haben, richtet sich unsere Intelligenz neu aus, korrigiert sich und formuliert intellektuell ihren Irrtum. Sie hat die Suggestion empfangen und liefert die Kontrolle. So wie der Taucher in den Tiefen des Wassers das Wrack ertastet, das der Flieger aus den Höhen der Lüfte gemeldet hat, so wird die ins begriffliche Medium eingesenkte Intelligenz

Punkt für Punkt durch Berührung dasjenige analytisch verifizieren, was Gegenstand einer synthetischen und supra-intellektuellen Schau war. Ohne eine von außen gekommene Warnung hätte sie der Gedanke einer möglichen Illusion nicht einmal gestreift, da ihre Illusion Teil ihrer Natur war. Aus ihrem Schlaf gerüttelt, wird sie die Ideen der Unordnung, des Nichts und ihresgleichen analysieren. Sie wird erkennen – und sei es auch nur für einen Augenblick, falls die Illusion, kaum ist sie vertrieben, auch schon zurückkehren sollte –, daß man eine Anordnung nicht auslöschen kann, ohne daß sie durch eine andere Anordnung ersetzt wird; Materie nicht wegnehmen kann, ohne daß eine andere Materie ihren Platz einnimmt. »Unordnung« und »Nichts« bezeichnen also in Wirklichkeit eine Anwesenheit – die Anwesenheit einer Sache oder einer Ordnung, die uns nicht interessiert, die unsere Bestrebungen oder unsere Aufmerksamkeit enttäuscht; es ist unsere Enttäuschung, die zum Ausdruck kommt, wenn wir diese Anwesenheit Abwesenheit nennen. Von der Abwesenheit aller Ordnung und aller Dinge zu sprechen, das heißt von der absoluten Unordnung und dem absoluten Nichts, bedeutet also, sinnleere Wörter zu äußern, *flatus vocis*, da ein Auslöschen schlicht ein Ersetzen ist, das man nur von einer seiner beiden Seiten in den Blick nimmt, und die Austilgung aller Ordnung oder aller Dinge folglich eine Ersetzung mit nur einer Seite wäre – eine Idee, der gerade genausoviel Existenz zukommt wie der eines runden Quadrats. Wenn der Philosoph von Chaos und Nichts spricht, dann befördert er also lediglich – zur Absolutheit erhoben und eben dadurch jedes Sinnes und jedes tatsächlichen Inhaltes entleert – zwei für die Praxis geschaffene Ideen, die sich dort auf eine bestimmte Art der Materie oder der Ordnung bezogen, doch keineswegs auf jegliche Ordnung und jegliche Materie, ins Reich der Spekulation. Was wird somit aus den beiden Problemen des Ursprungs der Ordnung und des Ursprungs des Seins? Sie verflüchtigen sich, da sie sich nur dann stellen, wenn man sich das Sein und die Ordnung als »hinzukommend« und folglich das

Nichts und die Unordnung als möglich oder zumindest denkbar vorstellt; nun sind diese aber nur Worte, Trugbilder von Ideen.

PM 65–68

13. Beispiel: Das falsche Problem der Intensität

[...] wir haben gesehen, daß die psychischen Fakten in sich selbst reine Qualität oder qualitative Vielheit sind und daß andererseits ihre im Raum liegende Ursache Quantität ist.[1] Insofern jene Qualität zum Zeichen dieser Quantität wird und wir diese hinter jener vermuten, nennen wir sie Intensität. Die Intensität eines einfachen Zustandes ist also nicht die Quantität, sondern deren qualitatives Zeichen. Ihren Ursprung findet man in einem Kompromiß zwischen der reinen Qualität, die Sache des Bewußtseins ist, und der reinen Quantität, die notwendig Raum ist. Auf diesen Kompromiß verzichtet man nun aber ohne den geringsten Skrupel, wenn man die äußeren Dinge studiert, da man dann die Kräfte selbst – angenommen, sie existieren – beiseite läßt, um lediglich deren meßbare und ausgedehnte Wirkungen zu beachten. Warum also sollte man diesen Mischlingsbegriff beibehalten, wenn man nun seinerseits das analysiert, was Sache des Bewußtseins ist? Wenn die Größe außerhalb von einem selbst niemals intensiv ist, dann ist die Intensität innerhalb von einem selbst niemals Größe. Weil sie dies nicht begriffen haben, mußten die Philosophen zwei Arten der Quantität unterscheiden – eine extensiv, die andere intensiv –, ohne jemals erklären zu können, was diese miteinander gemein haben, noch warum man für diese so unähnlichen Dinge dieselben Wörter »zunehmen« und »abnehmen« gebrauchen konnte. Eben dadurch sind sie für die Übertreibungen der Psychophysik[2] verantwortlich; denn sobald

[1] So lautet die These des ersten Kapitels der *Données immédiates.*

[2] Ein von gewissen Philosophen und Psychologen unternommener Versuch, den Bezug zwischen den quantitativen Variationen des Reizes und denen der Empfindung zu bestimmen.

man der Empfindung die Fähigkeit zuzunehmen anders als nur im metaphorischen Sinne zugesteht, lädt man dazu ein, zu fragen, um wieviel sie zunimmt. Und daraus, daß das Bewußtsein keine intensive Quantität mißt, folgt nicht, daß die Wissenschaft dies nicht auf indirektem Wege erreichen könnte, wenn es sich denn um eine Größe handelt. Entweder also gibt es eine mögliche psychophysische Formel, oder die Intensität eines einfachen psychischen Zustandes ist reine Qualität. *DI 169*

14. Das falsche Problem des Nichts

Wie also kann man die Idee des Nichts der Idee ›Alles‹ entgegensetzen? Sieht man nicht, daß das bedeuten würde, Volles dem Vollen entgegenzusetzen, und daß die Frage, »warum etwas existiert«, folglich eine sinnlose Frage ist, ein von einer Pseudo-Idee aufgeworfenes Pseudo-Problem? Wir müssen trotzdem noch einmal zur Sprache bringen, warum dieses Problemphantom den Geist so hartnäckig umtreibt. Vergeblich zeigen wir, daß in der Vorstellung einer »Austilgung des Wirklichen« nur das Bild aller einander in endlosem Zirkel gegenseitig von ihrem Platz vertreibenden Wirklichkeiten liegt. Vergeblich fügen wir hinzu, daß die Idee der Inexistenz nur die Idee einer Vertreibung einer unwägbaren oder »bloß möglichen« Existenz durch eine substantiellere Existenz ist, welche die wahre Wirklichkeit sei. Vergeblich weisen wir in der Form *sui generis* der Negation etwas Außer-Intellektuelles auf, insofern die Negation ein Urteil über ein Urteil ist, eine an andere oder sich selbst gerichtete Warnung, so daß es absurd wäre, ihr die Macht zuzuschreiben, Vorstellungen neuer Art, Ideen ohne Inhalt, zu erschaffen. Immer noch hält sich die Überzeugung, daß vor den Dingen oder doch zumindest unter den Dingen das Nichts liege. Wenn man den Grund für diese Tatsache sucht, dann findet man ihn genau in jenem affektiven, sozialen und, um es mit einem Wort zu sagen, praktischen Element, das der Negation ihre spezifische Form verleiht. Die größten philosophischen Schwierigkeiten, sagten wir, werden daraus geboren, daß die Formen der menschlichen Handlung sich über ihren Zuständigkeitsbereich hinauswagen. Wir sind ebenso und mehr noch als zum Denken zum Handeln geschaffen – oder besser: Wenn wir der Bewegung unserer Natur folgen, dann denken wir, um zu handeln. Man darf sich also nicht wundern, daß die Gewohnheiten des Handelns auf die des Vorstellens abfärben und daß unser Geist alle Dinge in ebenjener Ordnung wahrnimmt, in der wir sie uns vorzustellen pflegen, wenn wir planen, auf sie einzuwirken. Nun ist es aber unbestreitbar, daß, wie schon oben bemerkt, jede menschliche Handlung ihren Ausgangspunkt in einer Unbefriedigtheit nimmt und also folglich in einem Gefühl von Abwesenheit. Man würde nicht handeln, wenn man nicht ein Ziel vor Augen hätte, und man sucht ein Ding nur zu erreichen, weil man spürt, daß es einem fehlt. Unsere Handlung schreitet also von »nichts« zu »etwas«, und ihr Wesen selbst besteht darin, »etwas« auf das Gitterleinen des »Nichts« zu sticken. Tatsächlich jedoch ist das Nichts, von dem hier die Rede ist, weniger die Abwesenheit eines Dinges als die einer Nützlichkeit. Wenn ich einen Besucher in ein noch unmöbliertes Zimmer führe, dann warne ich ihn vor, »daß es dort nichts gibt«. Ich weiß dabei sehr wohl, daß das Zimmer voll Luft ist, doch nachdem man auf Luft nicht sitzen kann, enthält das Zimmer tatsächlich nichts von dem, was in diesem Moment für den Besucher und für mich selbst irgend etwas zählen würde. Generell besteht menschliche Arbeit darin, Nützlichkeit zu erzeugen; und bis die Arbeit getan ist, gibt es »nichts« – nichts von dem, was man erreichen wollte. So verbringen wir unser Leben damit, von unserer Intelligenz unter dem außer-intellektuellen Einfluß des Verlangens und des Vermissens, unter dem Druck der vitalen Erfordernisse gedachte Leeren auszufüllen: Und wenn man unter Leere eine Abwesenheit von Nützlichkeit und nicht von Dingen versteht, dann darf man in diesem ganz relativen Sinn sagen, daß wir beständig vom Leeren zum Vollen schreiten. Das ist die Richtung, in der sich unsere Handlung bewegt. Unsere Spekulation kann sich nicht hindern, es ihr nachzutun, und so geht sie naturgemäß vom relativen Sinn zum absoluten über, da sie sich mit den Dingen selbst und nicht mit der Nützlichkeit beschäftigt, die sie für uns haben. So gräbt sich uns die Idee ein, daß die Realität eine Leere ausfülle und daß das als Abwesenheit von allem gedachte Nichts, wenn nicht de facto, so doch de jure allen Dingen vorausliegt. Es ist diese Illusion, die wir zu zerstreuen versuchten, indem wir zeigten, daß die Idee des NICHTS, wenn man darin diejenige einer Austilgung aller Dinge zu sehen vorgibt, eine sich selbst zerstörende Idee ist und zu einem bloßen Wort verkommt – und daß umgekehrt, wenn sie eine wirkliche Idee ist, man darin genauso viel Materie findet wie in der Idee ›ALLES‹.

Diese lange Analyse war notwendig, um zu zeigen, daß *eine Realität, die sich selbst genügt, nicht notwendig eine der Dauer fremde Realität sein muß*. Wenn man (bewußt oder unbewußt) den Weg über die Idee des Nichts nimmt, um zu der des SEINS zu gelangen, dann ist das SEIN, zu dem man so gelangt, eine logische oder mathematische Wesenheit und somit unzeitlich. Und folglich drängt sich eine statische Konzeption des Realen auf: Alles erscheint als mit einem einzigen Mal und in Ewigkeit gegeben. Doch man muß sich daran gewöhnen, das SEIN unmittelbar zu denken, ohne einen Umweg zu machen, ohne zuerst beim Phantom des Nichts anzuklopfen, das sich zwischen uns und das SEIN schiebt. Man muß hier versuchen zu sehen, um zu sehen, und nicht mehr zu sehen, um zu handeln. Dann offenbart sich das ABSOLUTE sehr nahe bei uns und, in einem gewissen Maße, in uns. Es ist psychologischen und nicht mathematischen oder logischen Wesens. Es lebt mit uns. Wie wir, nur in mancher Hinsicht unendlich konzentrierter und stärker in sich zusammengeballt, dauert es.

EC 296–298

15. Das falsche Problem des Möglichen

Die zwei Illusionen, auf die ich soeben hingewiesen habe, sind in Wirklichkeit nur eine. Sie bestehen darin, zu glauben, daß *weniger* in der Idee des Leeren liegt als in der des Vollen, *weniger* in dem Begriff der Unordnung als in dem der Ordnung. In Wirklichkeit aber liegt in den Ideen der Unordnung und des Nichts, wenn sie etwas bedeuten, mehr intellektueller Inhalt als in denen der Ordnung und der Existenz, denn sie implizieren mehrere Ordnungen, mehrere Existenzen und obendrein noch ein Spiel des Geistes, der unbewußt mit ihnen jongliert.

Und siehe da, auch in dem Fall, der uns beschäftigt, treffen wir wieder auf dieselbe Illusion. Auf dem Grund der Lehren, die die radikale Neuheit jedes Moments der Evolution verkennen, liegen viele Mißverständnisse, viele Irrtümer – insbesondere aber die Idee, daß das Mögliche *weniger* sei als das Wirkliche und daß aus diesem Grund die Möglichkeit der Dinge ihrer Existenz vorausgeht. Sie wären folglich schon im voraus vorstellbar; sie könnten gedacht werden, bevor sie verwirklicht wären. Doch gerade das Umgekehrte ist die Wahrheit. Wenn wir die geschlossenen Systeme beiseite lassen, die rein mathematischen Gesetzen unterworfen sind und isolierbar, weil die Dauer nicht an ihnen nagt, wenn wir das Gesamt der konkreten Realität betrachten oder schlicht die Welt des Lebens und mehr noch die des Bewußtseins, so sehen wir, daß mehr und nicht weniger in der Möglichkeit eines jeden der aufeinanderfolgenden Zustände liegt als in ihrer Wirklichkeit. Denn das Mögliche ist nur das Wirkliche mit obendrein noch einem Akt des Geistes, der, nachdem es einmal entstanden ist, dessen Bild in die Vergangenheit zurückwirft. Doch unsere intellektuellen Gewohnheiten hindern uns daran, dies zu bemerken.

[...] Die Wirklichkeit, die sich immer weiter unvorhersehbar und neu bildet, reflektiert im Laufe dessen jeweils ihr Bild hinter sich zurück in die unbestimmte Vergangenheit; so kommt es, daß sie schon von jeher möglich gewesen ist; doch ist es dieser präzise Augenblick, in dem sie beginnt, schon immer möglich gewesen zu sein, und deshalb sagte ich, daß ihre Möglichkeit, die ihrer Wirklichkeit nicht vorausgeht, ihr vorausgehen wird, sobald die Wirklichkeit einmal aufgetreten ist. Das Mögliche ist also die Luftspiegelung der Gegenwart in der Vergangenheit; und weil wir wissen, daß die Zukunft schließlich Gegenwart werden wird, und weil der Luftspiegelungseffekt sich ohne Unterlaß weiter fortsetzt, sagen wir uns, daß in unserer aktuellen Gegenwart, die die Vergangenheit von morgen sein wird, das Bild von morgen schon enthalten ist, wenngleich es uns auch nicht gelingt, es zu erfassen. Eben darin besteht die Illusion. Es ist, als würde man, wenn man sein Bild in einem Spiegel erblickt, vor den man hingetreten ist, sich einbilden, daß man es hätte berühren können, wenn man hinter dem Spiegel stehen geblieben wäre. Befindet man übrigens so, daß das Mögliche nicht das Wirkliche voraussetzt, so gibt man zu, daß die Verwirklichung der reinen Möglichkeit etwas hinzufügt: Das Mögliche wäre dann schon von jeher da gewesen, ein Gespenst, das seiner Stunde harrt; es wäre folglich durch das Hinzufügen von etwas zur Wirklichkeit geworden, durch was weiß ich für eine Transfusion von Blut oder Leben. Man sieht nicht, daß genau das Gegenteil der Fall ist, daß das Mögliche die entsprechende Wirklichkeit impliziert mit obendrein noch etwas, das hinzutritt, denn das Mögliche ist der kombinierte Effekt der einmal aufgetretenen Wirklichkeit und einer Einrichtung, die diese nach hinten zurückspiegelt. Die der Mehrzahl der Philosophien immanente und dem menschlichen Geist naturgemäße Idee von Möglichem, das sich durch einen Zuerwerb von Existenz verwirklicht, ist also eine reine Illusion. Ebensogut könnte man vorgeben, daß der Mensch aus Fleisch und Blut aus der Materialisierung seines im Spiegel erblickten Bildes hervorginge, unter dem Vorwand, daß in diesem wirklichen Menschen alles sei, was man in diesem virtuellen Bild findet mitsamt obendrein der Solidität, die bewirkt, daß man es anfassen kann. Die Wahrheit aber ist, daß man hier mehr braucht, um das Virtuelle als um das Reale zu erhalten, mehr für das Bild des Menschen als für den Menschen selbst, denn das Bild des Menschen wird sich nicht abzeichnen, wenn man nicht zuerst den Menschen als gegeben nimmt – und dann wird man dazu noch einen Spiegel brauchen. *PM 109–110, 111–112*

16. Die Probleme in den Begriffen der Dauer stellen

[...] es gibt für uns nie Momenthaftes. Das, was wir mit diesem Namen bezeichnen, enthält schon eine Leistung unseres Gedächtnisses und folglich unseres Bewußtseins, das die beliebig zahlreichen Momente einer unendlich teilbaren Zeit sich ineinander erstrekken läßt, um sie in einer relativ einfachen Intuition erfassen zu können. Worin besteht nun aber genau der Unterschied zwischen der Materie, wie sie der strengste Realismus begreifen könnte, und der Wahrnehmung, die wir von ihr haben?[1] Unsere Wahrnehmung liefert uns vom Universum eine Reihe pittoresker, aber diskontinuierlicher Gemälde: Aus unserer aktuellen Wahrnehmung wüßten wir keine späteren Wahrnehmungen herzuleiten, da es in einem Ensemble von Empfindungsqualitäten nichts gibt, was die neuen Qualitäten, zu denen sie sich transformieren werden, vorhersehen ließe. Wogegen die Materie, wie der Realismus sie für gewöhnlich setzt, sich derart entwickelt, daß man auf dem Wege mathematischer Deduktion von einem Moment zum nächsten schreiten kann. Freilich vermag der Realismus zwischen dieser Materie und dieser Wahrnehmung keinen Berührungspunkt zu finden, weil er diese Materie zu homogenen Veränderungen im Raum entfaltet, wogegen er diese Wahrnehmung zu unausgedehnten Empfindungen in einem Bewußtsein zusammenzieht.

[1] Was Bergson dem »wissenschaftlichen Realismus« vorwirft, ist, die Natur des Bezugs zwischen Materie und Wahrnehmung nicht zu verstehen, und zwar gerade weil dieser die Dauer dem Momenthaften opfert.

Wenn aber unsere Hypothese gerechtfertigt ist, dann sieht man leicht, wo Wahrnehmung und Materie sich unterscheiden und wo sie miteinander zur Deckung kommen. Die qualitative Heterogenität unserer aufeinanderfolgenden Wahrnehmungen des Universums rührt daher, daß jede dieser Wahrnehmungen sich selbst über ein gewisses Maß an Dauer erstreckt; daher, daß das Gedächtnis darin eine ungeheure Vielheit von Schwingungen kondensiert, die uns so alle gemeinsam, wenngleich nacheinander, erscheinen. Es würde genügen, dieses ungeteilte Maß an Zeit in Gedanken zu unterteilen, darin die gewünschte Vielheit von Momenten zu unterscheiden, mit einem Wort: jegliches Gedächtnis zu eliminieren, um von der Wahrnehmung zur Materie, vom Subjekt zum Objekt überzugehen. Dann würde die Materie, die immer homogener wird, je weiter sich unsere extensiven Empfindungen auf eine immer größere Anzahl von Momenten aufteilen, sich jenem System homogener Schwingungen, von dem der Realismus spricht, unendlich annähern, allerdings ohne je ganz mit ihnen zusammenzufallen. Es wäre also keineswegs nötig, auf der einen Seite den Raum mit nicht wahrgenommenen Bewegungen und auf der anderen Seite das Bewußtsein mit inextensiven Empfindungen zu setzen. Im Gegenteil, es wäre eine extensive Wahrnehmung, in der sich Subjekt und Objekt zuerst vereinen würden, wobei der subjektive Aspekt der Wahrnehmung in der Kontraktion besteht, die das Gedächtnis vollzieht, und die objektive Realität der Materie mit den multiplen und aufeinanderfolgenden Schwingungen verschmilzt, in die sich diese Wahrnehmung innerlich zerlegt. Dies ist zumindest der Schluß, der sich, so hoffen wir, aus dem letzten Teil dieser Arbeit ergeben wird:[1] *Die auf Subjekt und Objekt, auf deren Unterscheidung und Einheit bezogenen Fragen müssen eher in Abhängigkeit von der Zeit als in Abhängigkeit vom Raum gestellt werden.* *MM 72–74*

[1] Bergson spielt hier auf die Sammlung der Schlußfolgerungen von *Matière et mémoire* an.

17. Die Intuition – jenseits von Analyse und Synthese

Wenn aber die Metaphysik durch Intuition vorgehen soll, wenn die Intuition die Bewegtheit der Dauer zum Gegenstand hat und wenn die Dauer psychologischen Wesens ist, sperren wir den Philosophen dann nicht ausschließlich in die Kontemplation seiner selbst ein?[1] Wird die Philosophie dann nicht darin bestehen, sich einfach beim Leben zuzuschauen, »wie ein rastender Hirte dem Lauf des Wassers nachschaut«[2]? So zu sprechen hieße zu dem Irrtum zurückkehren, auf den wir seit Beginn dieser Untersuchung ohne Unterlaß hingewiesen haben. Es hieße, die einzigartige Natur der Dauer und gleichzeitig auch den wesensmäßig aktiven Charakter der metaphysischen Intuition zu verkennen. Es hieße, nicht zu sehen, daß allein die Methode, von der wir sprechen, in der Lage ist, den Idealismus ebenso wie den Realismus hinter sich zu lassen, die Existenz sowohl uns unter- als auch überlegener, wenngleich dennoch in gewissem Sinne innerlicher Gegenstände zu behaupten, sie ohne Probleme miteinander koexistieren zu lassen und Schritt für Schritt die Obskuritäten zu beseitigen, die die Analyse um die großen Probleme herum anhäuft. Wir wollen hier nicht mit dem Studium dieser verschiedenen Punkte beginnen, sondern uns darauf beschränken, zu zeigen, daß die Intuition, von der wir sprechen, nicht ein einziger Akt ist, sondern eine unendliche Reihe von Akten – zweifellos alle zur selben Gattung gehörend, jeder von ihnen aber ganz eigener Art – und wie diese Mannigfaltigkeit von Akten all den Graden des Seins entspricht.

[1] Die Intuition besitzt all die zuvor genannten Merkmale: Sie kritisiert die falschen Probleme, sie entdeckt die wahren Probleme, sie stellt die Probleme in Abhängigkeit von der Zeit. Wenn sie aber all diese Merkmale besitzt, dann weil sie in sich selbst mit der Dauer zusammenfällt.

[2] Alfred de MUSSET, Rolla II, in: *Œuvres complètes* : *Poésies*, Paris: G. Charpentier et Cie 1889, S. 296. [A. d. Ü.]

Wenn ich versuche, die Dauer zu *analysieren*, das heißt, sie in vorgefertigte Begriffe aufzulösen, dann bin ich durch die Natur des Begriffs und der Analyse selbst gezwungen, von *der Dauer im allgemeinen* zwei entgegengesetzte Anblicke aufzunehmen, aus denen ich sie anschließend wieder zusammenzusetzen gedenke. Diese Zusammenfügung kann weder eine Mannigfaltigkeit von Graden noch eine Vielfalt von Formen aufweisen: Sie ist oder sie ist nicht. Ich könnte zum Beispiel sagen, daß es auf der einen Seite eine *Vielheit* der aufeinanderfolgenden Bewußtseinszustände gibt und auf der anderen Seite eine *Einheit*, die diese miteinander verbindet. Die Dauer wäre dann die »Synthese« dieser Einheit und dieser Vielheit, eine mysteriöse Operation, bei der man, ich wiederhole es, nicht sieht, wie sie Nuancen oder Grade zulassen sollte. In dieser Hypothese gibt es und kann es nur eine einzige Dauer geben, jene, in der unser Bewußtsein für gewöhnlich verfährt. Um die Gedanken auf den Punkt zu bringen: Wenn wir die Dauer unter dem einfachen Aspekt einer sich im Raum vollziehenden Bewegung betrachten und versuchen, diese als Repräsentant der ZEIT betrachtete Bewegung auf Begriffe zu reduzieren, dann werden wir auf der einen Seite eine beliebig große Zahl von Punkten der Bahn der Bewegung haben und auf der anderen Seite eine abstrakte Einheit, die diese verbindet, wie ein Faden, der die Perlen einer Kette zusammenhält. Die Kombination von dieser abstrakten Vielheit und dieser abstrakten Einheit, ist, einmal als möglich gesetzt, etwas Einzigartiges, an dem wir ebensowenig Nuancen finden wie an einer Addition gegebener Zahlen in der Arithmetik. Wenn man jedoch, statt vorzugeben, die Dauer zu analysieren (das heißt im Grunde, ihre Synthese mit Begriffen zu vollziehen), sich zuerst durch eine Intuitionsanstrengung in sie hineinversetzt, dann hat man das Gefühl einer gewissen, sehr genau bestimmten *Spannung*, deren Bestimmtheit selbst wie eine unter einer Unendlichkeit möglicher Dauern getroffene Wahl erscheint. Von da an erblickt man beliebig viele Dauern, die sich alle sehr deutlich voneinander unterscheiden, obwohl jede von ihnen auf Begriffe reduziert, das heißt äußerlich von zwei entgegengesetzten Standpunkten aus betrachtet, immer wieder auf dieselbe undefinierbare Kombination des Vielen und des Einen hinausläuft. *PM 206–208*

18. Der Unterschied – Gegenstand der Intuition

Nehmen wir beispielsweise alle Nuancen des Regenbogens, jene des Violetts und des Blaus, des Grüns, des Gelbs und des Rots. Wir glauben die Leitidee Ravaissons[1] nicht zu verraten, wenn wir sagen, daß es zwei Weisen der Bestimmung dessen gibt, was ihnen gemein ist, und folglich auch zwei Weisen, über sie zu philosophieren. Die erste bestünde darin, schlicht zu sagen, es seien Farben. Die abstrakte und allgemeine Idee der Farbe wird so die Einheit, auf die die Vielfalt der Nuancen sich zurückführt. Doch diese allgemeine Idee der Farbe erhalten wir nur, wenn wir vom Rot das auslöschen, was es zu Rot macht, vom Blau das, was es zu Blau macht, vom Grün das, was es zu Grün macht; wir können sie nur definieren, indem wir sagen, daß sie weder Rot noch Blau, noch Grün darstellt; es ist eine aus Negationen gebildete Affirmation, eine Form, die eine Leere umschreibt. Dabei läßt es der Philosoph, der im Abstrakten verweilt, bewenden. Auf dem Wege wachsender Verallgemeinerung glaubt er sich auf die Vereinheitlichung der Dinge zuzubewegen: Dies kommt daher, daß er durch gradweises Auslöschen des Lichts vorgeht, das die Unterschiede zwischen den Farbtönen hervortreten ließ, so daß er diese schließlich in einem gemeinsamen Dunkel verschmelzen läßt. Ganz anders sieht die Methode der wahren Vereinheitlichung aus. Sie bestünde hier darin, die tausend Nuancen des

[1] Bergson war ein großer Bewunderer Ravaissons (1813–1900), in *La Pensée et le Mouvant* widmet er dessen Werk einen Artikel; er entdeckt darin eine Konzeption der Philosophie, die in gewissen Hinsichten der seinen nahe ist.

Blaus, Violetts, Grüns, Gelbs und Rots zu nehmen und sie, indem man sie durch eine Sammellinse schickt, auf einen selben Punkt zu bündeln. Dann würde in all seinem Glanz das reine weiße Licht erscheinen, jenes, das hier unten in seinen es zerstreuenden Nuancen wahrgenommen, dort oben in seiner ungeteilten Einheit die unbegrenzte Mannigfaltigkeit der vielfarbigen Strahlen in sich enthielt. Dann würde auch bis in jede isoliert genommene Nuance hinein dasjenige offenbar werden, was das Auge dort zunächst nicht bemerkt hatte, das weiße Licht, an dem sie alle teilhaben, die gemeinsame Helle, aus der sie ihre je eigene Färbung beziehen. Dies ist ohne Zweifel, nach Ravaisson, die Art der Schau, die wir von der Metaphysik verlangen müssen. Aus der Kontemplation einer antiken Marmorskulptur kann in den Augen des wahren Philosophen mehr konzentrierte Wahrheit entspringen, als sich in diffuser Form in einem gesamten philosophischen Traktat findet.[1] Gegenstand der Metaphysik ist es, in den individuellen Existenzen jenen spezifischen Strahl, der einer jeden von ihnen ihre eigene Nuance verleiht und sie dadurch an das universale Licht zurückbindet, erneut zu erfassen und bis zu der Quelle, von der er ausgeht, zurückzuverfolgen. *PM 259–260*

D) Wissenschaft und Philosophie

19. Der Wesensunterschied zwischen Wissenschaft und Metaphysik

[…] wenn es nach uns geht, dann besteht zwischen der Metaphysik und der Wissenschaft ein Methodenunterschied, einen Wertunterschied jedoch gestehen wir nicht zu. Weniger beschei-

[1] Ravaisson war Konservator im Louvre. Er verstand es, die *Venus von Milo* und die *Nike von Samothrake* zu restaurieren und diesen Statuen, so scheint es, wieder ihre ursprüngliche Haltung zu verleihen.

den für die Wissenschaft, als es die Mehrzahl der Forscher war, meinen wir, daß eine auf die Erfahrung gegründete Wissenschaft, so wie die Moderne sie versteht, das Wesen des Wirklichen erreichen kann. Zweifellos erfaßt sie nur einen Teil der Wirklichkeit; doch bei diesem Teil wird sie eines Tages bis auf den Grund vordringen können; jedenfalls wird sie sich ihm unbegrenzt annähern. Sie erfüllt also schon eine Hälfte des Programms der alten Metaphysik: Sie könnte sich Metaphysik nennen, wenn sie nicht vorzöge, den Namen Wissenschaft zu behalten. Bleibt die zweite Hälfte. Diese scheint uns de jure einer Metaphysik zuzukommen, die ebenso von der Erfahrung ausgeht und die ebenso in der Lage ist, das Absolute zu erreichen: Wir würden sie Wissenschaft nennen, wenn die Wissenschaft nicht vorzöge, sich auf die übrige Wirklichkeit zu beschränken. Die Metaphysik ist also nicht der positiven Wissenschaft übergeordnet; sie betrachtet nicht nach der Wissenschaft denselben Gegenstand noch einmal, um davon eine höhere Erkenntnis zu erlangen. Diese Beziehung zwischen ihnen anzunehmen, wie es die ziemlich beständige Gewohnheit der Philosophen ist, hieße, einer wie der anderen Unrecht zu tun: der Wissenschaft, die man zur Relativität verdammt, wie der Metaphysik, die nur noch eine hypothetische und vage Erkenntnis wäre, da die Wissenschaft notwendig schon im voraus alles, was man an Präzisem und Sicherem über ihren Gegenstand wissen kann, in Beschlag genommen hätte. Die Beziehung, die wir zwischen der Metaphysik und der Wissenschaft herstellen, ist eine ganz andere. Wir glauben, daß sie gleichermaßen präzise und sicher sind oder es werden können. Beide haben die Wirklichkeit selbst zum Gegenstand. Doch jede von ihnen behält von dieser nur eine Hälfte zurück, so daß man in ihnen, je nach Belieben, zwei Unterabteilungen der Wissenschaft oder zwei Bezirke der Metaphysik sehen könnte, wenn sie nicht divergierende Richtungen der Denktätigkeit kennzeichneten.

Eben weil sie auf demselben Niveau sind, haben sie Berührungspunkte und können sich in diesen Punkten gegenseitig verifizieren. Zwischen der Metaphysik und der Wissenschaft einen Unterschied der Würde zu etablieren, ihnen denselben Gegenstand zuzuweisen, das heißt die Gesamtheit der Dinge, wobei man festschreibt, daß die eine ihn von unten und die andere ihn von oben her betrachte, bedeutet, gegenseitige Hilfe und wechselseitige Kontrolle auszuschließen: Die Metaphysik ist dann – wenn sie nicht jeden Kontakt mit dem Wirklichen verlieren soll – notwendig ein kondensiertes Extrakt oder eine hypothetische Erweiterung der Wissenschaft. Wenn man ihnen im Gegenteil unterschiedliche Gegenstände beläßt, der Wissenschaft die Materie und der Metaphysik den Geist, dann würden, da Geist und Materie sich berühren, Metaphysik und Wissenschaft sich entlang ihrer gesamten gemeinsamen Oberfläche gegenseitig prüfen können, bis schließlich die Berührung zur gegenseitigen Befruchtung wird. Die auf beiden Seiten erreichten Resultate werden zusammenfinden müssen, da die Materie mit dem Geist zusammenfindet. Wenn das Ineinandergreifen nicht perfekt ist, so wird das daran liegen, daß entweder in unserer Wissenschaft oder in unserer Metaphysik oder in beiden etwas zurechtgerückt werden muß. Die Metaphysik wird so durch ihren Randbereich einen heilsamen Einfluß auf die Wissenschaft ausüben. Umgekehrt wird die Wissenschaft der Metaphysik Gewohnheiten der Präzision übertragen, die sich bei dieser von den Randbereichen bis ins Zentrum hinein ausbreiten werden. Und unsere Metaphysik wird, sei es auch nur, weil ihre äußersten Enden sich exakt auf jene der positiven Wissenschaft fügen müssen, die Metaphysik der Welt sein, in der wir leben, und nicht die all der möglichen Welten. Sie wird Wirklichkeiten umfangen. *PM 42–44*

20. Von der Philosophie zur Wissenschaft

Die Wahrheit ist, daß die Philosophie keine Synthese einzelner Wissenschaften ist, und wenn sie sich oft auf das Gebiet der Wissenschaft begibt und manchmal in einer einfacheren Schau die Gegenstände erfaßt, mit denen die Wissenschaft sich beschäftigt, so geschieht dies nicht, indem sie die Wissenschaft intensiviert, und nicht, indem sie deren Ergebnisse zu einem höheren Grad von Allgemeinheit erhebt. Es gäbe keinen Raum für zwei Weisen des Erkennens – Philosophie und Wissenschaft –, wenn die Erfahrung sich uns nicht unter zwei verschiedenen Aspekten präsentieren würde: auf der einen Seite in Form von Tatsachen, die sich neben andere Tatsachen reihen, die sich ungefähr wiederholen, sich ungefähr messen lassen, die sich, kurz gesagt, in Richtung der unterschiedenen Vielheit und der Räumlichkeit entfalten, und auf der anderen Seite in Form einer wechselseitigen Durchdringung, die reine Dauer ist, dem Gesetz und der Messung entzogen. In beiden Fällen bedeutet Erfahrung Bewußtsein; doch im ersten entfaltet sich das Bewußtsein nach draußen und entäußert sich gegenüber sich selbst genau in demselben Maße, in dem es einander äußerliche Dinge wahrnimmt; im zweiten Fall hingegen kehrt es sich in sich selbst, faßt sich wieder und vertieft sich. Dringt es nun, wenn es so seine eigene Tiefe auslotet, weiter ins Innere der Materie, des Lebens, der Wirklichkeit im allgemeinen vor? Man könnte dies bestreiten, wenn das Bewußtsein zur Materie wie ein Akzidenz hinzugetreten wäre; doch wir glauben gezeigt zu haben, daß eine solche Hypothese, je nachdem von welcher Seite aus man sie betrachtet, absurd oder falsch, selbstwidersprüchlich oder durch die Fakten widerlegt ist. Man könnte es weiterhin bestreiten, wenn das menschliche Bewußtsein, obgleich einem weiteren und höheren Bewußtsein verwandt, ausgesondert worden wäre und der Mensch in der Natur wie ein bestraftes Kind in der Ecke stehen müßte. Doch mitnichten! Die Materie und das Leben, welche die Welt erfüllen, sind ebenso in uns; die Kräfte, die in allen Dingen wirken, spüren wir in uns; was auch immer das innerste Wesen dessen ist, was ist und entsteht, wir sind Teil davon. Steigen wir also ins Innere unserer selbst hinab: Je tiefer der Punkt liegt, den wir dabei berührt haben, um so stärker ist der Schub, der uns an die Oberfläche zurückschnellen läßt. Die philosophische Intuition ist dieser Kontakt, die Philosophie ist dieser Schwung. Durch einen vom Grund aufsteigenden Impuls wieder nach draußen gebracht, nähern wir uns nun in dem Maße, in dem unser Denken sich entfaltet und dabei zerstreut, aufs neue der Wissenschaft, bis wir wieder mit ihr zusammenfinden. Die Philosophie muß also die Formen der Wissenschaft nachempfinden können, und eine Idee sozusagen intuitiven Ursprungs, der es nicht gelingt, durch Unterteilung ihrer selbst und Unterteilung ihrer Unterteilungen die draußen beobachteten Tatsachen sowie die Gesetze, durch welche die Wissenschaft diese untereinander verbindet, abzudecken, die nicht imstande wäre, sogar gewisse Verallgemeinerungen zu korrigieren und bestimmte Beobachtungen zurechtzurücken, wäre reine Phantasie; sie hätte nichts mit der Intuition gemein. Doch andererseits hat man die Idee, der es gelingt, diese Aufsplitterung ihrer selbst exakt auf die Fakten und Gesetze zu stützen, nicht durch eine Vereinheitlichung der äußeren Erfahrung erhalten; denn der Philosoph ist nicht bei der Einheit angekommen, sondern von dort aufgebrochen. Ich spreche selbstverständlich von einer zugleich beschränkten und relativen Einheit, wie jener, die ein Lebewesen in der Gesamtheit der Dinge abgrenzt. Die Leistung, durch die die Philosophie sich die Ergebnisse der positiven Wissenschaft zu eigen zu machen scheint, ist – ebenso wie das Verfahren, im Laufe dessen eine Philosophie den Eindruck erweckt, die Fragmente früherer Philosophien in sich zu sammeln – keine Synthese, sondern eine Analyse. *PM 136–138*

21. Von der Wissenschaft zur Philosophie: Die moderne Wissenschaft erfordert eine neue Metaphysik

Daraus ist zu schließen, daß unsere Wissenschaft sich nicht nur darin von der antiken Wissenschaft unterscheidet, daß sie Gesetze sucht, ja noch nicht einmal nur darin, daß diese Gesetze Beziehungen zwischen Größen zum Ausdruck bringen. Man muß hinzufügen, daß die Größe, auf die wir alle anderen zurückführen möchten, die Zeit ist und daß *die moderne Wissenschaft sich insbesondere durch ihr Streben definiert, die Zeit als unabhängige Variable zu fassen.* [...]

Für die antiken Denker ist in der Tat die Zeit theoretisch vernachlässigbar, weil die Dauer eines Dinges nur die Abstufung seines Wesens manifestiert: Es ist dieses unbewegte Wesen, mit dem sich die Wissenschaft befaßt. Da die Veränderung nur die Bestrebung einer FORM ist, ihre eigene Verwirklichung zu erlangen, ist die Verwirklichung alles, an dessen Kenntnis uns gelegen ist. Zweifellos ist diese Verwirklichung nie vollständig; das ist es, was die antike Philosophie zum Ausdruck bringt, indem sie sagt, daß wir keine Form ohne Materie wahrnehmen. Aber wenn wir den sich verändernden Gegenstand in einem bestimmten wesentlichen Moment, auf seinem Gipfelpunkt, in den Blick nehmen, dann können wir sagen, er *streife* seine intelligible Form. Dieser intelligiblen, ideellen Form, der Grenzform sozusagen, bemächtigt sich unsere Wissenschaft. Und wenn sie so das Goldstück in ihren Besitz gebracht hat, verfügt sie in eminenter Weise über jenes Kleingeld, das die Veränderung ist. Diese letztere ist weniger als Sein. Und eine Erkenntnis, die sich diese zum Gegenstand erwählen würde, wäre, gesetzt, sie wäre möglich, weniger als Wissenschaft.

Für eine Wissenschaft jedoch, die allen Augenblicken der Zeit den gleichen Rang zumißt, die keinen wesentlichen Moment erlaubt, keinen Kulminationspunkt und keinen Gipfelpunkt, ist die Veränderung nicht mehr eine Minderung des Wesens, noch die

Dauer eine Verwässerung der Ewigkeit. Das Fließen der Zeit wird hier zur Realität selbst, und das, was man erforscht, sind die fließenden Dinge. Freilich beschränkt man sich darauf, von der fließenden Realität nur Momentaufnahmen zu machen. Doch gerade aus diesem Grund müßte die wissenschaftliche Erkenntnis eine andere mit auf den Plan rufen, die sie ergänzen würde. Während die antike Konzeption der wissenschaftlichen Erkenntnis dazu führte, daß aus der Zeit eine Abstufung und aus der Veränderung die Minderung einer von aller Ewigkeit her gegebenen FORM gemacht wurde, würde man im Gegenteil, wenn man die neue Konzeption bis zum Ende verfolgt, dahin gelangen, in der Zeit ein progressives Anwachsen des Absoluten und in der Evolution der Dinge eine kontinuierliche Erfindung neuer Formen zu sehen.

EC 335, 343

22. Letzte Einheit von Wissenschaft und Metaphysik in der Intuition

[...] VI. Die Wahrheit aber ist, daß unser Geist den umgekehrten Weg verfolgen kann. Er kann sich in die bewegliche Wirklichkeit versetzen, sich deren unablässig wechselnde Richtung zu eigen machen, kurz: sie intuitiv erfassen. Dafür muß er sich Gewalt antun, die Richtung seines gewohnten Denkverfahrens umkehren und seine Kategorien ständig umkrempeln oder vielmehr einschmelzen. Doch würde er so zu flüssigen Begriffen gelangen, die fähig sind, der Wirklichkeit in all ihren Windungen zu folgen und die Bewegung des inneren Lebens der Dinge zu übernehmen. So allein wird eine progressive Philosophie entstehen, die von den Disputen zwischen den Schulen frei ist und fähig, die Probleme in natürlicher Weise zu lösen, weil sie von den künstlichen Termen befreit ist, die man gewählt hat, um diese zu stellen. *Philosophieren besteht darin, die gewohnte Richtung der Denktätigkeit umzukehren.*

VII. Diese Umkehrung ist noch nie in methodischer Weise praktiziert worden; eine vertiefte Geschichte des menschlichen Denkens jedoch würde zeigen, daß wir ihr die größten Errungenschaften der Wissenschaften ebenso wie das Überlebensfähige in der Metaphysik verdanken. Die machtvollste Untersuchungsmethode, über die der menschliche Geist verfügt, die Infinitesimalanalyse, ist aus ebendieser Umkehrung entstanden.* Die moderne Mathematik ist gerade ein Bestreben, das schon *fertig Bestehende* durch das *Entstehende* zu ersetzen, die Erzeugung der Größen zu verfolgen und die Bewegung zu erfassen, und zwar nicht mehr von außen und in ihrem hingebreiteten Ergebnis, sondern von innen und in ihrer Tendenz, sich zu wandeln, kurz: sich die bewegliche Kontinuität des Musters der Dinge zu eigen zu machen. Es stimmt, daß sie sich auf das Muster beschränkt, da sie lediglich die Wissenschaft von Größen ist. Und es stimmt auch, daß sie zu ihren wunderbaren Anwendungen nur durch die Erfindung gewisser Symbole vordringen konnte und daß, wenn auch die Intuition, von der wir gerade sprachen, am Ursprung der Erfindung steht, allein das Symbol in der Anwendung zum Einsatz kommt. Die Metaphysik jedoch, die auf keinerlei Anwendung zielt, wird darauf verzichten können und meist auch müssen, die Intuition in ein Symbol zu verwandeln. Befreit von der Verpflichtung, praktisch verwertbare Ergebnisse erzielen zu müssen, wird sie den Bereich ihrer Untersuchungen unbeschränkt ausdehnen. Das, was sie gegenüber der Wissenschaft an Nützlichkeit und Strenge eingebüßt hat, wird sie an Tragweite und Umfang wieder hinzugewinnen. Und wenn die Mathematik auch lediglich die Wissenschaft der Größen ist, wenn die mathematischen Verfahren sich nur auf Quantitäten anwenden lassen, so darf man doch nicht vergessen, daß die Quantität immer Qualität im Entstehungszustand ist: Sie ist, könnte man sagen, ihr Grenzfall. Es ist also nur natürlich, daß

* Insbesondere bei Newton in seinen Erwägungen zu den *Fluxionen*.

die Metaphysik die am Ursprung unserer Mathematik stehende Idee übernimmt, um sie auf alle Qualitäten, das heißt die Wirklichkeit im allgemeinen, auszudehnen. Sie wird damit keineswegs auf die mathesis universalis zulaufen, diese Chimäre der modernen Philosophie. Ganz im Gegenteil, je weiter sie voranschreitet, desto weniger werden die Gegenstände, auf die sie trifft, in Symbole übersetzbar sein. Doch immerhin hätte sie damit begonnen, dort Kontakt mit der Kontinuität und der Bewegtheit des Wirklichen aufzunehmen, wo sich dieser Kontakt in wunderbarster Weise nutzen läßt. Sie hätte sich in einem Spiegel betrachtet, der ihr ein zweifellos sehr zusammengeschrumpftes, aber auch sehr leuchtendes Bild ihrer selbst zurückwirft. Sie hätte mit einer höheren Klarheit gesehen, was die mathematischen Verfahren aus der konkreten Wirklichkeit entlehnen, und würde dann in Richtung der konkreten Wirklichkeit weiter fortschreiten und nicht in der der mathematischen Verfahren. Sagen wir also – das, was diese Formel an zu großer Bescheidenheit und zu hohen Ambitionen zugleich aufweist, schon im vorhinein abmildernd –, daß *einer der Gegenstände der Metaphysik darin besteht, qualitative Differenzial- und Integralrechnungen vorzunehmen.*

VIII. Was dazu führte, daß man diesen Gegenstand aus den Augen verlor, und was die Wissenschaft selbst über den Ursprung gewisser Verfahren, die sie verwendet, zu täuschen vermochte, ist, daß die Intuition, wenn sie einmal ergriffen ist, einen Modus des Ausdrucks und der Anwendung finden muß, der den Gewohnheiten unseres Denkens gemäß ist und uns in fest gefaßten Begriffen die soliden Stützpunkte liefert, derer wir so sehr bedürfen. Das ist die Bedingung von dem, was wir Strenge, Präzision und auch unbeschränkte Ausdehnung einer allgemeinen Methode auf besondere Fälle nennen. Nun können sich aber diese Ausdehnung und diese Arbeit logischer Perfektionierung über Jahrhunderte hinziehen, während der die Methode erzeugende Akt nur einen Augenblick dauert. Aus diesem Grund halten wir so oft den logischen Apparat der Wissenschaft für die Wissenschaft selbst* und vergessen dabei die Intuition, aus der der Rest hervorgehen konnte.**

Aus dem Vergessen dieser Intuition folgt all das, was von den Philosophen, und von den Wissenschaftlern selbst, über die »Relativität« der wissenschaftlichen Erkenntnis gesagt wurde. *Relativ ist die symbolische Erkenntnis durch schon bestehende Begriffe, die vom Festen zum Bewegten übergeht, nicht aber die intuitive Erkenntnis, die sich ins Bewegte versetzt und sich das Leben der Dinge selbst zu eigen macht.* Diese Intuition erreicht ein Absolutes.

Die Wissenschaft und die Metaphysik finden also in der Intuition zusammen. Eine wahrhaft intuitive Philosophie würde die so sehr ersehnte Einheit von Metaphysik und Wissenschaft verwirklichen. Sie würde gleichzeitig die Metaphysik als positive Wissenschaft konstituieren – will sagen als eine progressive

* Zu diesem Punkt wie zu mehreren anderen Fragen, die in dem vorliegenden Aufsatz behandelt werden, sei auf die schönen Arbeiten von Le Roy, Wincent und Vilbois verwiesen, die in der *Revue de métaphysique et de morale* erschienen sind.

** [...] wir haben lange gezögert, den Begriff »Intuition« zu verwenden; und als wir uns dazu entschlossen haben, haben wir mit diesem Wort die metaphysische Funktion des Denkens bezeichnet: in erster Linie die intime Erkenntnis des Geistes durch den Geist, in zweiter Linie auch die durch den Geist erlangte Erkenntnis des Wesentlichen in der Materie, da die Intelligenz zweifellos vor allem dazu gemacht ist, die Materie zu handhaben und folglich sie zu erkennen, ihre spezielle Bestimmung jedoch nicht darin besteht, bis auf den Grund derselben vorzudringen. Es ist ebendiese Bedeutung, die wir dem Wort in dem vorliegenden (1902 geschriebenen) Aufsatz zuweisen [...]. Wir wurden später durch eine wachsende Sorge um Präzision dazu gebracht, die Intelligenz klarer von der Intuition zu unterscheiden, wie auch die Wissenschaft von der Metaphysik [...]. Doch generell bringt eine Veränderung der Terminologie keine gravierenden Nachteile mit sich, wenn man sich jedesmal die Mühe macht, den Terminus in seinem besonderen Verständnis zu definieren, oder auch allein der Kontext dessen Sinn deutlich genug erkennen läßt.

und immerfort verbesserungsfähige – und die im eigentlichen Sinne positiven Wissenschaften dazu bringen, sich ihrer wahren Reichweite bewußt zu werden, die oft sehr viel höher ist, als sie sich vorstellen. Sie würde mehr Wissenschaft in die Metaphysik und mehr Metaphysik in die Wissenschaft bringen. Ihr Ergebnis bestünde darin, die Kontinuität zwischen den Intuitionen wieder herzustellen, die die verschiedenen positiven Wissenschaften hie und da in ihrer Geschichte erhalten haben und zu denen sie nur durch Geniestreiche gelangt sind. [...] *PM 213–217*

II DAS GEDÄCHTNIS ODER DIE KOEXISTIERENDEN GRADE DER DAUER

A) Die Grundsätze des Gedächtnisses

23. In welchem Sinn die Dauer Gedächtnis ist

[...] unsere Dauer ist nicht ein Augenblick, der einen Augenblick ersetzt – dann gäbe es immer nur Gegenwart, keine Erstreckung des Vergangenen ins Jetzige, keine Evolution, keine konkrete Dauer. Die Dauer ist kontinuierliches Fortschreiten der Vergangenheit, die an der Zukunft nagt und im Vorrücken anschwillt. Da die Vergangenheit unablässig anwächst, bleibt sie gleichzeitig auch ewig erhalten. Das Gedächtnis ist [...] kein Vermögen, das dazu dient, Erinnerungen in Schubladen zu sortieren oder sie in Register einzutragen. Es gibt keine Register und keine Schubladen, es gibt hier sogar nicht einmal ein Vermögen im eigentlichen Sinne; denn ein Vermögen wird mit Unterbrechungen ausgeübt, je nachdem, wann es will oder kann, wogegen sich die Aufschichtung von Vergangenheit auf Vergangenheit ohne Unterlaß fortsetzt. In Wirklichkeit bleibt die Vergangenheit ganz von selbst, gleichsam automatisch, erhalten. Als Ganze folgt sie uns zweifellos in jedem Augenblick: Was wir von frühester Kindheit an gefühlt, gedacht, gewollt haben, ist da: über die Gegenwart geneigt, die ihm zuwächst, und andrängend an die Tür des Bewußtseins, das es aussperren möchte. Der Mechanismus des Gehirns ist gerade dazu gemacht, fast alles davon ins Unbewußte zu verdrängen und nur das ins Bewußtsein einzulassen, was angetan ist, unsere gegenwärtige Situation zu erhellen, der sich vorbereitenden Handlung zu dienen, kurz: dazu, *nützliche* Arbeit zu leisten.[1] Höchstens gelingt es ein paar überschüssigen Erinnerun-

[1] Vgl. Texte 30, 37, 38, 39.

gen, sich als Luxusgüter durch die angelehnte Tür zu schmuggeln. Sie, die Boten des Unbewußten, tun uns kund, was wir hinter uns herschleifen, ohne es zu wissen. Selbst aber, wenn wir keine deutliche Vorstellung davon besäßen, so würden wir doch vage spüren, daß unsere Vergangenheit uns gegenwärtig bleibt. Was nämlich sind wir, und was ist unser *Charakter*, wenn nicht das Kondensat jener Geschichte, die wir seit unserer Geburt, ja selbst vor unserer Geburt – da wir vorgeburtliche Anlagen mitbringen – gelebt haben? Zweifellos denken wir nur mit einem kleinen Teil unserer Vergangenheit; mit unserer gesamten Vergangenheit jedoch und darin eingeschlossen der ursprünglichen Biegung unserer Seele aber wünschen, wollen und handeln wir. Durch ihr Andrängen und in Form einer Tendenz also bekundet sich uns unsere Vergangenheit in ihrer Ganzheit, auch wenn nur ein kleiner Teil davon zur Vorstellung erhoben wird. *EC 4–5*

24. Wir versetzen uns von vornherein in die Vergangenheit: Die reine Erinnerung, jenseits des Bildes

Geht es darum, eine Erinnerung wiederzufinden, eine Periode unserer Geschichte heraufzubeschwören, so sind wir uns eines Aktes *sui generis* bewußt, durch den wir uns von der Gegenwart lösen, um uns zunächst in die Vergangenheit im allgemeinen zu versetzen und dann in eine bestimmte Region der Vergangenheit: Es ist eine sich herantastende Tätigkeit, ähnlich dem Einstellen eines Photoapparats. Unsere Erinnerung aber verbleibt noch im virtuellen Zustand; wir versetzen uns so lediglich in die Lage, sie zu empfangen, indem wir die geeignete Haltung einnehmen. Nach und nach tritt sie in Erscheinung, wie ein sich verdichtendes Nebelgewölk; vom Virtuellen geht sie in den aktuellen Zustand über; und in dem Maße, in dem sich ihre Konturen abzeichnen und ihre Oberfläche Farbe annimmt, neigt sie dazu, die Wahrnehmung zu imitieren. Doch sie bleibt durch ihre tiefen

Wurzeln der Vergangenheit verhaftet, und wenn sie, einmal realisiert, nicht die Nachwehen ihrer ursprünglichen Virtualität spüren würde, wenn sie nicht, obgleich ein gegenwärtiger Zustand, zugleich etwas wäre, was sich scharf von der Gegenwart abhebt, würden wir sie nie als eine Erinnerung erkennen.

[...] die Wahrheit ist, daß wir niemals die Vergangenheit erreichen werden, wenn wir uns nicht von Anfang an in sie hineinversetzen. Da sie wesensmäßig virtuell ist, kann die Vergangenheit von uns nur als Vergangene erfaßt werden, wenn wir die Bewegung, durch die sie sich zum gegenwärtigen Bild entfaltet und aus der Dunkelheit zum hellen Licht emporsteigt, verfolgen und übernehmen. Vergeblich würde man ihre Spur in etwas Aktuellem und schon Realisiertem suchen: Genausogut könnte man die Dunkelheit unter dem Licht suchen. Ebendort liegt der Irrtum der Assoziationspsychologie: Im Aktuellen stehend, erschöpft sie sich in vergeblichen Anstrengungen, in einem realisierten und gegenwärtigen Zustand das Signum seines in der Vergangenheit liegenden Ursprungs zu entdecken, die Erinnerung von der Wahrnehmung zu unterscheiden und zum Wesensunterschied zu erheben, was sie im voraus schon dazu verdammt hat, lediglich ein Größenunterschied zu sein.

Bildlich vorstellen ist nicht *erinnern*. Zweifellos neigt eine Erinnerung in dem Maße, in dem sie sich aktualisiert, dazu, in einem Bild zu leben; doch der Umkehrschluß ist nicht wahr, und das reine, einfache Bild wird mich nur dann in die Vergangenheit versetzen, wenn es tatsächlich die Vergangenheit ist, aus der ich es geholt habe und so dem kontinuierlichen Fortschritt gefolgt bin, der es von der Dunkelheit ans Licht gebracht hat.

MM 148, 149–150

25. Der Wesensunterschied zwischen Wahrnehmung und Erinnerung

Je mehr man darüber nachdenkt, um so weniger versteht man, wie die Erinnerung jemals geboren werden könnte, wenn sie nicht im Laufe der Wahrnehmung selbst entsteht. Entweder hinterläßt die Gegenwart keinerlei Spur im Gedächtnis, oder sie verdoppelt sich in jedem Augenblick, schon in ihrem Entspringen selbst, zu zwei symmetrischen Strahlen, von denen der eine in die Vergangenheit zurückfällt, während der andere sich in die Zukunft schwingt. Dieser letztere, den wir Wahrnehmung nennen, ist der einzige, der uns interessiert. Wir haben keine Verwendung für die Erinnerung an die Dinge, während wir die Dinge selbst zugegen haben. Und weil das praktische Bewußtsein diese Erinnerung als unnütz beiseite schiebt, hält die theoretische Reflexion sie für inexistent. So wird die Illusion geboren, daß die Erinnerung der Wahrnehmung *nachfolge*.

Doch diese Illusion hat eine weitere, noch tiefere Quelle.

Sie rührt daher, daß die wiederbelebte, bewußte Erinnerung auf uns den Eindruck macht, die Wahrnehmung selbst zu sein, die in einer bescheideneren Form wieder auferstanden wäre, und nichts anderes als diese Wahrnehmung. Zwischen der Wahrnehmung und der Erinnerung bestünde demnach ein Unterschied der Intensität oder des Grades, nicht aber ein Wesensunterschied. Und da die Wahrnehmung als ein starker und die Erinnerung als ein schwacher Zustand definiert ist und somit die Erinnerung einer Wahrnehmung nur diese Wahrnehmung in abgeschwächter Form sein kann, scheint uns, als habe das Gedächtnis, um eine Wahrnehmung im Unbewußten abzuspeichern, warten müssen, bis die Wahrnehmung zur Erinnerung entschlummert sei. Das ist der Grund, aus dem wir annehmen, daß die Erinnerung einer Wahrnehmung nicht mit dieser Wahrnehmung entstehen, noch sich gleichzeitig mit dieser entwickeln könnte.

Doch die These, die aus der gegenwärtigen Wahrnehmung einen starken Zustand und aus der wiederbelebten Erinnerung einen schwachen Zustand macht und der zufolge man von dieser Wahrnehmung zu dieser Erinnerung auf dem Wege der Abschwächung schreitet, hat die elementarste Beobachtung gegen sich. Wir haben dies in einer früheren Arbeit gezeigt. Man nehme eine intensive Empfindung und lasse sie fortschreitend abnehmen bis auf Null. Wenn zwischen der Erinnerung der Empfindung und der Empfindung selbst lediglich ein Gradunterschied bestünde, dann müßte die Empfindung zur Erinnerung werden, bevor sie erlischt. Nun kommt zwar zweifellos der Moment, in dem man nicht mehr sagen kann, ob man es mit einer schwachen Empfindung zu tun hat, die man empfindet, oder mit einer schwachen Empfindung, die man sich einbildet, niemals jedoch wird der schwache Zustand zu der in die Vergangenheit zurückgeworfenen Erinnerung des starken Zustands. Die Erinnerung ist also etwas anderes.

Die Erinnerung einer Empfindung ist etwas, das imstande ist, diese Empfindung zu *suggerieren*, will sagen, sie wieder ins Leben zu rufen, zunächst schwach, dann stärker und immer stärker, je mehr sich die Aufmerksamkeit auf sie fixiert. Doch sie ist unterschieden von dem Zustand, den sie suggeriert, und eben gerade weil wir sie hinter der suggerierten Erfahrung spüren wie den Magnetiseur hinter der hervorgerufenen Halluzination, lokalisieren wir die Ursache dessen, was wir empfinden, in der Vergangenheit. Die Empfindung ist in der Tat wesensmäßig etwas Aktuelles und Gegenwärtiges; die Erinnerung jedoch, die diese Empfindung vom Grund des Unbewußten her suggeriert, aus dem sie selbst kaum hervortritt, tritt mit jener Suggestionsmacht *sui generis* auf, die das Signum dessen ist, was nicht mehr ist, dessen, was noch sein möchte. Kaum hat die Suggestion die Einbildungskraft berührt, zeichnet sich die suggerierte Sache schon im Entstehungszustand ab, und das ist der Grund, warum einem die Unterscheidung zwischen einer schwachen Empfindung, die man empfindet, und einer schwachen Empfindung, an die man sich erinnert, ohne sie konkret zu datieren, so schwer fällt. Doch die Suggestion ist in keinem Maße das, was sie suggeriert; die reine Erinnerung einer Empfindung oder einer Wahrnehmung ist in keinem Maße die Empfindung oder die Wahrnehmung selbst. Andernfalls müßte man sagen, daß, um den schlafenden Personen zu suggerieren, sie hätten Zucker oder Salz im Mund, die Worte des Magnetiseurs schon selbst ein bißchen süß oder salzig sein müßten.

[...] so erscheint die Erinnerung als in jedem Moment die Wahrnehmung verdoppelnd, mit ihr zusammen ins Leben tretend, sich gleichzeitig mit ihr entwickelnd und sie überlebend, eben gerade weil sie von anderer Natur ist als jene. *ES 131–133, 135*

26. Die Grade der Dauer

Konzentrieren wir uns also auf dasjenige an uns, was zugleich am weitesten vom Äußeren abgelöst und am wenigsten von Intellektualität durchdrungen ist. Suchen wir im tiefsten Inneren unserer selbst den Punkt, wo wir uns unserem eigenen Leben am innerlichsten fühlen. Es ist die reine Dauer, in die wir dann wieder eintauchen würden, eine Dauer, in der die immer auf dem Vormarsch befindliche Vergangenheit unaufhörlich um eine absolut neue Gegenwart anschwillt. Gleichzeitig aber spüren wir, wie sich die Feder unseres Willens bis zum Äußersten spannt. Wir müssen durch ein gewaltsames Sich-Zusammenreißen unserer Persönlichkeit unsere uns entgleitende Vergangenheit zusammenraffen, um sie dann kompakt und ungeteilt in eine Gegenwart zu schieben, die sie durch ihr Einbrechen in sie erst erschaffen wird. Sehr selten sind die Momente, in denen wir uns selbst in diesem Maße in den Griff bekommen: Sie sind eins mit unseren wahrhaft freien Handlungen. Und selbst dann haben wir uns niemals voll und ganz. Unser Gefühl der Dauer, damit meine ich das Koinzidieren unseres Ichs mit sich selbst, läßt Grade zu. Doch je tiefer dieses Gefühl und je vollständiger das Koinzidieren ist, um so mehr geht die Intellektualität in dem über sie hinauswachsenden Leben auf, in das uns diese zurückversetzen. Denn die Hauptfunktion der Intelligenz besteht darin, Gleiches mit Gleichem zu verbinden, und nichts außer sich wiederholenden Tatsachen läßt sich je vollständig dem Rahmen der Intelligenz anpassen. Zwar wird die Intelligenz im Nachhinein zweifellos einen Zugriff auf die realen Momente der realen Dauer erlangen, indem sie den neuen Zustand durch eine Reihe von außen von ihm aufgenommener Anblicke rekonstruiert, die so weit wie möglich bereits Bekanntem gleichen: In diesem Sinne enthält der Zustand sozusagen »potentielle« Intellektualität. Nichtsdestoweniger reicht er über diese hinaus und bleibt ihr inkommensurabel, da er unteilbar und neu ist.

Entspannen wir uns nun und unterbrechen wir die Anstrengung, mit der wir den größtmöglichen Teil der Vergangenheit in die Gegenwart hineindrängen. Wenn die Entspannung vollkommen wäre, gäbe es kein Gedächtnis und keinen Willen mehr: Das bedeutet, daß wir niemals ganz in diese absolute Passivität verfallen, ebensowenig wie wir absolut frei zu werden vermögen. Doch als Grenzfall können wir eine Existenz erahnen, die aus einer unaufhörlich von neuem beginnenden Gegenwart besteht – keine reale Dauer mehr, nur Momenthaftes, das immerfort stirbt und neu geboren wird. Besteht darin die Existenz der Materie? Zweifellos nicht ganz, denn die Analyse löst sie in elementare Schwingungen auf, von denen die kürzesten zwar von einer sehr geringen, fast verschwindenden, niemals jedoch gleich Null werdenden Dauer sind. Man darf nichtsdestoweniger vermuten, daß die physische Existenz sich dieser zweiten Richtung zuneigt, so wie die psychische Existenz der ersten.

Der »Geistigkeit« einerseits und der »Materialität« nebst der Intellektualität andererseits lägen also zwei Prozesse gegensätzlicher Richtung zugrunde, und man gelangte durch Umkehrung oder vielleicht sogar schlichte Unterbrechung vom ersten zum zweiten, wenn es stimmt, daß Umkehrung und Unterbrechung zwei Begriffe sind, die hier als synonym gelten müssen, wie wir es ein wenig weiter unten im einzelnen zeigen werden. Diese Vermutung wird sich bestätigen, wenn man die Dinge unter dem Gesichtspunkt der Ausgedehntheit und nicht mehr nur unter dem der Dauer betrachtet.

Je mehr wir uns unseres Fortschreitens in der reinen Dauer bewußt werden, um so mehr spüren wir, wie die verschiedenen Teile unseres Seins ineinander übergehen und wie unsere gesamte Persönlichkeit sich in einem Punkt, oder besser in einer Spitze, konzentriert, die sich in die Zukunft einbohrt und diese ohne Unterlaß eröffnet. Darin besteht das freie Leben und Handeln. Lassen wir uns nun im Gegenteil einmal gehen; träumen wir, statt zu handeln. Auf den gleichen Schlag zerfasert sich unser Ich; unsere Vergangenheit, die sich bis dahin in dem unteilbaren Anstoß, den sie uns vermittelte, in sich zusammenballte, zergeht in tausend und abertausend Erinnerungen, die auseinanderfallend einander äußerlich werden. Je mehr sie erstarren, um so mehr hören sie auf, sich gegenseitig zu durchdringen. So sinkt unsere Persönlichkeit zurück in Richtung auf den Raum, mit dem sie im übrigen in der Empfindung unentwegt in Verbindung steht. Wir werden hier nicht ausführlich auf einen Punkt eingehen, den wir schon anderweitig vertieft haben. Beschränken wir uns also darauf, in Erinnerung zu rufen, daß die Ausdehnung Grade zuläßt, daß alle Empfindung in einem gewissen Maße ausgedehnt ist und daß die Idee unausgedehnter, künstlich im Raume lokalisierter Empfindungen eine bloße Sichtweise des Geistes ist, die sich weit mehr durch eine unbewußte Metaphysik nahelegt als durch die psychologische Beobachtung.

Zweifellos machen wir lediglich einen ersten Schritt in Richtung auf die Ausgedehntheit, selbst wenn wir uns so weit wir nur irgend können gehen lassen. Doch nehmen wir einen Moment lang an, die Materie bestünde in dieser selben, nur weiter vorangetriebenen Bewegung und das Physische sei einfach nur umgekehrtes Psychisches. Dann würde man verstehen, warum der Geist sich im Raum so wohl fühlt und sich so selbstverständlich darin bewegt, sobald die Materie ihm eine deutlichere Vorstellung davon vermittelt. Von diesem Raum hatte er bereits zuvor eine implizite Vorstellung in eben jenem Gefühl, das ihm aus seiner möglichen *Entspannung*, das heißt seiner potentiellen *Ausdehnung*, erwuchs. In den Dingen findet er ihn wieder, doch er hätte ihn auch ohne diese erreicht, wenn sein Vorstellungsvermögen kraftvoll genug gewesen wäre, die Umkehrung seiner natürlichen Bewegung bis zum Ende zu treiben. Des weiteren erklärte sich dann, warum unter dem Blick des Geistes die Materialität der Materie noch stärker hervortritt. Sie war es, die ihm zu Beginn half, seinem Hang zu ihr folgend hinabzusteigen, sie hatte ihm den Anstoß gegeben. Doch der Geist, einmal auf den Weg gebracht, schreitet immer weiter voran. Die Vorstellung, die er sich vom reinen Raum bildet, ist nur das *Schema* dessen, was am Ende dieser Bewegung stünde. Einmal im Besitz der Form Raum, bedient er sich dieser wie eines Netzes, dessen Maschen nach Belieben geknüpft und gelöst werden können und welches über die Materie geworfen diese gerade so aufteilt, wie die Bedürfnisse unserer Handlung es erfordern. So bringen sich der Raum unserer Geometrie und die Räumlichkeit der Dinge gegenseitig durch die wechselseitige Aktion und Reaktion von zwei Elementen hervor, die gleichen Wesens sind, sich jedoch in jeweils umgekehrter Richtung bewegen. Weder ist der Raum unserem Wesen so fremd, wie es uns vorkommt, noch ist die Materie so vollständig im Raum ausgedehnt, wie unsere Intelligenz und unsere Sinne es sich vorstellen. *EC 201–204*

27. Das Gedächtnis als virtuelle Koexistenz der Grade

Alles spielt sich so ab, als ob unsere Erinnerungen eine unbeschränkte Anzahl von Malen in diesen tausenden und abertausenden möglicher Reduktionen unseres vergangenen Lebens wiederholt würden. Sie nehmen eine banalere Form an, wenn das

Gedächtnis sich enger zusammenzieht, und eine persönlichere, wenn es sich weitet, und fügen sich so in eine unbegrenzte Vielzahl verschiedener »Systematisierungen« ein. Ein Wort einer fremden Sprache, das an mein Ohr dringt, kann mich an diese Sprache im allgemeinen denken lassen oder an eine Stimme, die es einst in einer gewissen Art und Weise ausgesprochen hat. Diese beiden Ähnlichkeitsassoziationen sind nicht dem zufälligen Eintreffen zweier verschiedener Vorstellungen geschuldet, die der Zufall abwechselnd in den Anziehungsbereich der aktuellen Wahrnehmung gebracht hätte. Sie entsprechen zwei unterschiedlichen mentalen *Dispositionen*, zwei verschiedenen Graden der Spannung des Gedächtnisses: hier näher am reinen Bild, dort besser für die sofortige Erwiderung geeignet, das heißt für die Handlung. Diese Systeme zu klassifizieren, das Gesetz zu suchen, das sie jeweils den verschiedenen »Tonarten« unseres geistigen Lebens verbindet, zu zeigen, wie jede dieser Tonarten selbst durch die Erfordernisse des Augenblicks und auch durch den variablen Grad unserer persönlichen Anstrengung bestimmt ist, wäre ein schwieriges Unterfangen: Diese ganze Psychologie muß erst noch geleistet werden, und für den Augenblick wollen wir uns noch nicht einmal daran versuchen. Doch jeder von uns spürt durchaus, daß diese Gesetze existieren und daß es stabile Beziehungen dieser Art gibt. Wir wissen zum Beispiel, wenn wir einen psychologischen Roman lesen, daß gewisse Ideenassoziationen, die man uns schildert, wahr sind, daß sie erlebt worden sein können; andere schockieren uns oder vermitteln uns nicht den Eindruck des Wirklichen, weil wir darin den Effekt einer mechanischen Annäherung verschiedener Stufen des Geistes verspüren, als ob der Autor sich nicht auf der von ihm gewählten Ebene des mentalen Lebens zu halten gewußt hätte. Das Gedächtnis hat also sehr wohl seine aufeinanderfolgenden und verschiedenen Grade der Spannung oder Lebendigkeit, die zweifellos schwer zu definieren sind, die aber der Maler der Seele nicht ungestraft durcheinandermischen darf. Die Pathologie bestätigt hier im übrigen – wenn auch an groben Beispielen – eine Wahrheit, die wir alle instinktiv kennen. Bei den »systematisierten Amnesien« der Hysteriker zum Beispiel sind die Erinnerungen, die ausgelöscht scheinen, faktisch präsent; doch sie alle sind vermutlich an eine gewisse bestimmte Tonart intellektueller Lebendigkeit gebunden, in die die Person sich nicht mehr versetzen kann. *MM 188–189*

28. Die Grade des Gedächtnisses und die Aufmerksamkeit

Man stellt sich die aufmerksame Wahrnehmung gerne als eine Reihe von Prozessen vor, die an einem einzigen Faden entlang ablaufen: Der Gegenstand erregt Empfindungen, die Empfindungen lassen Ideen vor sich aufsteigen, jede Idee versetzt Zug um Zug immer weiter entfernte Punkte der intellektuellen Masse in Schwingung. Man hätte dort also ein Voranschreiten auf einer geraden Linie, durch welches der Geist sich mehr und mehr von dem Gegenstand entfernen würde, um nicht mehr dorthin zurückzukehren. Wir behaupten im Gegenteil, daß die reflektierte Wahrnehmung ein *Kreislauf* ist, in dem alle Elemente, inklusive des wahrgenommenen Gegenstands selbst, sich im Zustand gegenseitiger Spannung halten, wie in einem Stromkreis, so daß keine einzige vom Gegenstand ausgegangene Schwingung im Laufe des Weges in den Tiefen des Geistes zu einem Halt kommen könnte: Sie muß immer zum Gegenstand selbst zurückkehren. Man darf dies nicht als eine bloße Frage der Terminologie betrachten. Es handelt sich um zwei radikal verschiedene Konzeptionen der intellektuellen Tätigkeit. Der ersten zufolge geschehen die Dinge mechanisch und durch eine gänzlich zufällige Reihe sukzessiver Additionen. In jedem Moment einer aufmerksamen Wahrnehmung zum Beispiel könnten neue Elemente, die aus einer tieferen Region des Geistes aufsteigen, sich zu den alten Elementen gesellen, ohne damit eine generelle Störung auszulösen und ohne eine Transformierung des Systems zu erfordern.

In der zweiten hingegen impliziert ein Akt der Aufmerksamkeit einen so starken Zusammenhang zwischen dem Geist und seinem Gegenstand, handelt es sich um einen so gut geschlossenen Kreislauf, daß man nicht zu Zuständen höherer Konzentration überzugehen vermöchte, ohne lauter ganz neue Kreisläufe zu erschaffen, die den ersten umschließen und die miteinander einzig den wahrgenommenen Gegenstand gemein haben. Von diesen unterschiedlichen Kreisen des Gedächtnisses, die wir später im Detail studieren werden, ist der engste, A, der unmittelbaren Wahrnehmung am nächsten. Er enthält nur den Gegenstand O selbst mit dem Folge-Bild, das sich wieder über ihn legt. Hinter ihm entsprechen die immer größeren Kreise B, C und D wachsenden Anstrengungen intellektueller Expansion. Es ist, wie wir sehen werden, das Ganze des Gedächtnisses, das in jeden dieser Kreisläufe einfließt, da das Gedächtnis immer gegenwärtig ist; doch dieses Gedächtnis, das sich aufgrund seiner Elastizität unbeschränkt ausweiten läßt, reflektiert auf den Gegenstand eine wachsende Anzahl suggerierter Dinge – mal die Einzelheiten des Gegenstandes selbst, mal begleitende Details, die dazu beitragen können, ihn zu erhellen. So werden wir, nachdem wir den wahrgenommenen Gegenstand in der Weise eines eigenständigen Ganzen rekonstituiert haben, mit ihm die immer weiter entfernten Bedingungen rekonstituieren, mit denen er ein System bildet. Nennen wir diese Ursachen wachsender Tiefe, die hinter dem Gegenstand stehen und mit dem Gegenstand selbst virtuell gegeben sind, B', C' und D'. Man sieht, daß der Fortschritt der Aufmerksamkeit bewirkt, daß nicht nur der wahrgenommene Gegenstand

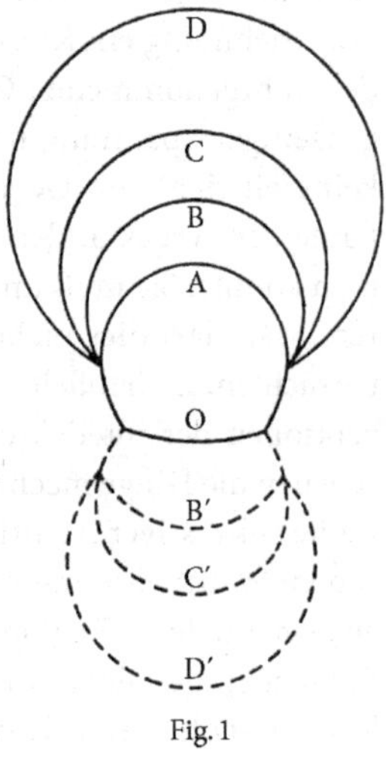

Fig. 1

erneut erschaffen wird, sondern auch die immer umfangreicheren Systeme, mit denen er zusammenhängen kann; so daß in dem Maße, in dem die Kreise B, C und D eine höhere Expansion des Gedächtnisses darstellen, deren Reflexion in B', C' und D' immer tiefere Schichten der Wirklichkeit erreicht.

Dasselbe psychologische Leben würde also eine unbeschränkte Anzahl von Malen auf aufeinanderfolgenden Stufen des Gedächtnisses wiederholt werden, und derselbe Akt des Geistes könnte sich auf vielen verschiedenen Höhen abspielen. In der Aufmerksamkeitsanstrengung gibt sich der Geist immer ganz, er gestaltet sich jedoch einfacher oder komplexer, je nach dem Niveau, das er sich aussucht, um seine Entwicklungen zu vollziehen. Normalerweise ist es die gegenwärtige Wahrnehmung, die die Ausrichtung unseres Geistes bestimmt; doch je nach dem Grad der Spannung, die unser Geist annimmt, je nach der Höhe, auf die er sich versetzt, entwickelt diese Wahrnehmung in uns eine größere oder kleinere Anzahl von Bild-Erinnerungen.

Kurz, mit anderen Worten: Die persönlichen, exakt lokalisierten Erinnerungen, deren Reihe den Lauf unserer vergangenen Existenz abbilden würde, bilden miteinander vereint die letzte und weiteste Hülle unseres Gedächtnisses. Wesensmäßig flüchtig, materialisieren sie sich nur durch Zufall, sei es, daß eine zufällig präzise Bestimmtheit unserer körperlichen Haltung sie anzieht, sei es, daß gerade die Unbestimmtheit dieser Haltung den Launen ihrer Manifestation freies Spiel läßt. Doch diese äußerste Hülle zieht sich zusammen und wiederholt sich in inneren und konzentrischen Kreisen, die als engere dieselben Erinnerungen enthalten, schwächer, immer weiter von ihrer persönlichen und ursprünglichen Form entfernt und in ihrer Banalität immer besser geeignet, sich auf die gegenwärtige Wahrnehmung anwenden zu lassen und sie nach Art einer Spezies zu bestimmen, die das Individuum umfaßt. Es kommt ein Moment, in dem die so reduzierte Erinnerung sich so gut in die gegenwärtige Wahrnehmung einfügt, daß man nicht zu sagen wüßte, wo die Wahrnehmung aufhört und wo die Erinnerung beginnt. Und dies ist der Moment, in dem sich das Gedächtnis, anstatt launenhaft Vorstellungen erscheinen und wieder verschwinden zu lassen, ganz nach den Einzelheiten der körperlichen Bewegungen richtet. *MM 113–116*

B) Psychologie des Gedächtnisses

29. Die Bewegung hin zum Bild

Doch befragen wir unser Bewußtsein. Fragen wir es, was geschieht, wenn wir den Worten anderer lauschen, mit der Absicht, sie zu verstehen. Warten wir passiv, daß die Eindrücke ihre Bilder holen gehen? Spüren wir nicht vielmehr, daß wir uns in eine bestimmte Disposition versetzen, die je nach Gesprächspartner, je nach der Sprache, die dieser spricht, der Art der Ideen, die er ausdrückt, und insbesondere mit der allgemeinen Bewegung seines Sprechens variiert, als ob wir damit beginnen würden, zuerst die Tonart unserer intellektuellen Tätigkeit abzustimmen? Das motorische Schema, das seinen Tonfall unterstreicht und Windung um Windung der Kurve seines Denkens folgt, weist unserem Denken den Weg. Es ist das leere Behältnis, das durch seine Form die Form bestimmt, zu der die flüssige Masse tendieren wird, die dort hineinschießt.

Doch wird man zögern, den Mechanismus der Interpretation so zu verstehen, und zwar aufgrund der unbesiegbaren Tendenz, die uns dazu bringt, bei jeder Gelegenheit eher *Dinge* als *Fortschritte* zu denken. Wir sagten, daß wir von der Idee ausgingen und sie zu auditiven Bild-Erinnerungen entwickelten, die in der Lage sind, sich in das motorische Schema einzufügen, um sich auf die gehörten Laute zu legen. Man hat dort einen kontinuierlichen Fortschritt, durch den das Nebelgewölk der Idee sich zu unterschiedenen auditiven Bildern kondensiert, die, zunächst noch flüssig, sich schließlich durch ihr Verwachsen mit den materiell vernommenen Lauten verfestigen werden. In keinem Augenblick kann man mit Exaktheit sagen, daß die Idee oder daß das Erinnerungsbild aufhört, daß das Erinnerungsbild oder daß die Empfindung beginnt. Und in der Tat, wo ist die Grenzlinie zwischen dem Durcheinander der massenhaft wahrgenommenen Laute und der Klarheit, die die wiedererinnerten auditiven Bilder dort hinzubringen, zwischen der Diskontinuität dieser wiedererinnerten Bilder selbst und der Kontinuität der ursprünglichen Idee, welche sie in unterschiedene Worte aufspalten und brechen?[1] Das wissenschaftliche Denken aber, das diese ununterbrochene Reihe von Veränderungen analysiert und dem unwiderstehlichen Bedürfnis nach symbolischer Darstellung nachgibt, hält die Hauptphasen dieser Evolution fest und verfestigt sie zu fertigen Dingen. Es erhebt die vernommenen rohen Laute zu getrennten und vollständigen Wörtern und dann die wiedererinnerten auditiven Bilder zu von der Idee, die sie entfalten, unabhängigen Entitäten: Diese drei Terme, rohe Wahrnehmung, auditives Bild und Idee, bilden so unterschiedene Ganzheiten, von denen jede sich selbst genügt. Und während man, um sich an die reine Erfahrung zu halten, notwendig von der Idee hat ausgehen müssen – da die auditiven Erinnerungen durch sie zusammengeschweißt sind und die rohen Laute ihrerseits erst durch die Erinnerungen vervollständigt werden –, meint man, es spräche nichts dagegen, nachdem man willkürlich den rohen Laut vervollständigt hat und ebenso willkürlich die Erinnerungen zusammengeschweißt hat, die natürliche Ordnung der Dinge umzustürzen und zu behaupten, daß wir von der Wahrnehmung zu den Erinnerungen und von den Erinnerungen zur Idee fortschreiten. *MM 134–136*

[1] Im Sinne der Lichtbrechung. [A. d. Ü.]

30. Warum die Erinnerung Bild wird

Im allgemeinen kehrt die Vergangenheit *de jure* nur in dem Maße ins Bewußtsein zurück, in dem sie helfen kann, die Gegenwart zu verstehen und die Zukunft vorherzusehen: Sie ist ein Aufklärer für das Handeln. Man ist auf dem Holzweg, wenn man die Vorstellungsfunktionen im isolierten Zustand untersucht, als ob sie ein Selbstzweck wären, als ob wir reine Geisteswesen wären, damit beschäftigt, Ideen und Bilder vorbeiziehen zu sehen. Die gegenwärtige Wahrnehmung würde demnach ohne jeglichen Hintergedanken der Nützlichkeit eine ähnliche Erinnerung anziehen, für nichts, nur zum Vergnügen – dem Vergnügen, in die mentale Welt ein Gesetz der Anziehung einzuführen, das demjenigen analog wäre, das die Welt der Körper regiert. Wir bestreiten durchaus nicht das »Gesetz der Ähnlichkeit«, doch, wie schon anderenorts darauf hingewiesen, werden sich zwei beliebige Ideen und zwei zufällig gewählte Bilder, so weit voneinander entfernt man sie auch ansetzen mag, immer von irgendeiner Seite ähneln, da man immer eine gemeinsame Gattung finden wird, in die man sie einordnen kann; so daß jede beliebige Wahrnehmung jede beliebige Erinnerung wachriefe, wenn hier allein eine mechanische Anziehung des Ähnlichen durch das Ähnliche vorliegen würde. Die Wahrheit ist: Wenn eine Wahrnehmung eine Erinnerung wachruft, so geschieht dies, damit die Umstände, die der vergangenen Situation vorausgegangen sind, die sie begleitet haben und die ihr nachfolgten, etwas Licht auf die aktuelle Situation werfen und zeigen, in welcher Richtung man sie verlassen kann. Tausend und abertausend Erinnerungen könnten nach dem Prinzip der Ähnlichkeit heraufbeschworen werden, doch die Erinnerung, die wieder aufzutauchen neigt, ist jene, die der Wahrnehmung von einer bestimmten besonderen Seite her ähnelt, jene, die den sich vorbereitenden Akt erhellen und leiten kann. Und diese Erinnerung müßte sich im Grenzfall noch nicht einmal manifestieren: Es würde ausreichen, daß sie, ohne sich selbst zu zeigen, die sie berührenden Umstände zurückruft, die mit ihr gegeben waren, das, was ihr vorausging, das, was ihr folgte, kurz: das, was man wissen muß, um die Gegenwart zu verstehen und die Zukunft zu antizipieren. Es wäre sogar denkbar, daß nichts von alledem sich dem Bewußtsein gegenüber manifestierte und daß allein die Schlußfolgerung erschiene, will sagen, die präzise Suggestion einer bestimmten zu ergreifenden Maßnahme. So spielen sich die Dinge vermutlich bei der Mehrzahl der Tiere ab. Doch je mehr das Bewußtsein sich entwickelt, um so mehr erhellt es das Vorgehen des Gedächtnisses und um so mehr läßt es auch die Ähnlichkeitsassoziation, die das Mittel ist, hinter der Berührungsassoziation, welche das Ziel ist, durchscheinen. Ist jene einmal im Bewußtsein eingerichtet, erlaubt sie einer Unmenge überschüssiger Erinnerungen, sich aufgrund irgendeiner Ähnlichkeit, sei sie auch ohne aktuelles Interesse, hereinzuschleusen: So erklärt sich, daß wir, während wir handeln, ein bißchen träumen können; doch es sind die Erfordernisse der Handlung, die die Gesetze des Erinnerns festgelegt haben; sie allein besitzen die Schlüssel des Bewußtseins, und die Traumerinnerungen schleusen sich dort nur ein, indem sie sich das zunutze machen, was es in der Relation der Ähnlichkeit, die die Eintrittserlaubnis erteilt, an Großmaschigem und schlecht Definiertem gibt. Kurz, wenn auch die Gesamtheit unserer Erinnerungen in jedem Augenblick einen vom Grunde des Unbewußten her aufsteigenden Druck ausübt, so läßt das Bewußtsein, dessen Aufmerksamkeit auf das Leben gerichtet ist, doch nur diejenigen legal passieren, die zu der gegenwärtigen Handlung beitragen können, wenngleich auch viele andere sich im Schutze jener allgemeinen Bedingung der Ähnlichkeit, die man wohl oder übel stellen mußte, hindurchschmuggeln.

ES 144–146

31. Der Traum

Wenn aber unsere Vergangenheit auch fast ganz verborgen bleibt, weil die Erfordernisse der gegenwärtigen Handlung sie hemmen, so wird sie die Kraft, die Schwelle des Bewußtseins zu überschreiten, überall dort wiederfinden, wo wir unser Interesse von der effizienten Handlung abwenden und uns gewissermaßen wieder ins Leben des Traumes versetzen. Der natürliche oder künstliche Schlaf bewirkt ein derartiges erloschenes Interesse. Man hat uns kürzlich gezeigt, daß es im Schlaf zu einer Unterbrechung des Kontaktes zwischen den motorischen und den sensorischen Nervenelementen kommt.* Selbst wenn man nicht an dieser scharfsinnigen Hypothese festhält, ist es unmöglich, den Schlaf nicht als ein zumindest funktionelles Erschlaffen der Spannung des Nervensystems zu sehen, das im Wachzustand stets bereit ist, den empfangenen Reiz in einer angemessenen Reaktion fortzuführen. Nun ist aber der »Überschwang« des Gedächtnisses in manchen Träumen und schlafwandlerischen Zuständen ein Faktum alltäglicher Beobachtung. Erinnerungen, die man ausgelöscht glaubte, tauchen dort mit verblüffender Exaktheit wieder auf; aufs neue erleben wir in all ihren Einzelheiten vollständig vergessene Szenen aus unserer Kindheit; wir sprechen Sprachen, bei denen wir uns nicht einmal mehr erinnern, sie gelernt zu haben. Doch nichts ist lehrreicher in dieser Hinsicht als das, was sich in bestimmten Fällen plötzlichen Erstickens, bei den Ertrinkenden und den Gehängten, abspielt. Wieder ins Leben zurückgekehrt, erklären diese, daß sie in kurzer Zeit all die vergessenen Ereignisse ihres Lebens vor sich vorüberziehen sahen, mit ihren kleinsten Einzel-

* Mathias Duval, Theorie histologique du sommeil (*C. R. de la Soc. de Biologie*, 1895, S. 74). – Vgl. Lépine, *Ibid.*, S. 85, sowie *Revue de Médecine*, August 1894, und insbesondere Pupin, *Le neurone et les hypothèses histologiques*, Paris 1896.

heiten und in ebenjener Reihenfolge, in der sie sich zugetragen haben.*

Ein menschliches Wesen, das seine Existenz *träumen* würde, statt sie zu leben, hätte so zweifellos in jedem Augenblick die unendliche Vielzahl der Einzelheiten seiner vergangenen Geschichte vor Augen. Und derjenige, der im Gegenteil dieses Gedächtnis mit allem, was es erzeugt, von sich wiese, würde seine Existenz unentwegt *vollziehen*, statt sie sich wahrhaft vorzustellen: Als ein bewußter Automat würde er dem Hang der nützlichen Gewohnheiten folgen, die den Reiz in einer angemessenen Reaktion fortführen. Der erste käme nie aus dem Besonderen, ja nicht einmal aus dem Individuellen heraus. Da er jedem Bild sein Datum in der Zeit und seinen Platz im Raum beläßt, sähe er nur, worin es sich von den anderen *unterscheidet*, und nicht, worin es ihnen ähnelt. Der andere, stets von der Gewohnheit getragen, würde hingegen in einer Situation nur die Seite ausmachen, durch die sie früheren Situationen in der Praxis *ähnelt*. Wenn er auch zweifellos unfähig ist, das Universelle zu *denken*, da die allgemeine Idee die zumindest virtuelle Vorstellung einer Vielzahl wiedererinnerter Bilder voraussetzt, ist es doch nichtsdestoweniger das Universelle, in dem er sich bewegt, denn die Gewohnheit ist für die Handlung, was die Allgemeinheit für das Denken ist. Doch diese zwei extremen Zustände, der eines vollständig kontemplativen Gedächtnisses, das in seiner *Schau* nur das Einzigartige ergreift, und der eines vollkommen motorischen Gedächtnisses, das seiner *Handlung* den Stempel der Allgemeinheit aufdrückt, isolieren und manifestieren sich nur in Ausnahmefällen im vollen

* Winslow, *Obscure Diseases of the Brain*, S. 250 ff. – Ribot, *Maladies de la mémoire*, S. 139 ff. – Maury, *Le sommeil et les rêves*, Paris 1878, S. 439. – Egger, Le moi des mourants (*Revue Philosophique*, Januar und Oktober 1896). – Vgl. die Worte von Ball: »Das Gedächtnis ist ein Vermögen, das nichts verliert und alles speichern wird.« (Zitiert von Rouillard, *Les amnésies*. Diss. med., Paris 1885, S. 25.)

Maße. Im normalen Leben durchdringen sie sich zutiefst und geben so beide etwas von ihrer ursprünglichen Reinheit auf. Der erste kommt in der Erinnerung der Unterschiede, der zweite in der Wahrnehmung der Ähnlichkeiten zum Ausdruck: dort, wo die beiden Ströme zusammenfließen, erscheint die allgemeine Idee.

MM 171–173

32. Die allgemeine Idee

Das Wesen der allgemeinen Idee besteht nämlich darin, sich unentwegt zwischen der Sphäre der Handlung und der des reinen Gedächtnisses hin und her zu bewegen. Beziehen wir uns in der Tat noch einmal auf das bereits zuvor gezeichnete Schema. Im Punkt S ist die aktuelle Wahrnehmung, die ich von meinem Körper habe, das heißt von einem gewissen sensomotorischen Gleichgewicht. Auf der Oberfläche der Basis AB sind, wenn man so will, meine Erinnerungen in ihrer Totalität angeordnet. In dem so definierten Kegel würde die allgemeine Idee kontinuierlich zwischen der Spitze S und der Basis AB hin und her pendeln. In S würde sie die ganz eindeutige Form einer körperlichen Haltung oder eines ausgesprochenen Wortes annehmen; auf AB erschiene sie unter dem nicht weniger eindeutigen Aspekt tausender individueller Bilder, in die ihre fragile Einheit zersplittern würde. Und das ist der Grund, warum eine Psychologie, die sich an das schon *fertig Bestehende* hält, die nur *Dinge* und keine *Fortschritte* kennt, von dieser Bewegung nur die äußersten Endpunkte wahrnehmen wird, zwischen denen sie hin und her pendelt; sie würde die allgemeine Idee mal mit der Handlung, die sie vollzieht, oder dem Wort, das sie ausdrückt, und mal mit der unbeschränkten Anzahl multipler Bilder zusammenfallen lassen, die deren Äquivalent im Gedächtnis sind. Die Wahrheit aber ist, daß die allgemeine Idee uns entgleitet, sobald wir versuchen, sie an dem einen oder dem anderen dieser beiden äußersten Endpunkte festzusetzen. Sie besteht in dem doppelten Strom, der vom einen zum anderen geht, immer bereit, sich entweder zu ausgesprochenen Worten zu kristallisieren oder zu Erinnerungen zu verdampfen.

Das heißt mit anderen Worten, daß zwischen den sensomotorischen Mechanismen, die durch den Punkt S dargestellt werden, und der Totalität der auf AB angeordneten Erinnerungen, wie wir es schon im vorigen Kapitel ahnen ließen, Raum ist für tausend und abertausend Wiederholungen unseres psychologischen Lebens, die durch ebenso viele Schnitte A'B', A"B" etc. desselben Kegels dargestellt werden. Wir neigen dazu, uns in AB zu zerstreuen, je mehr wir uns von unserem sensorischen und motorischen Zustand lösen, um das Leben des Traumes zu leben, und wir neigen dazu, uns im Punkt S zu konzentrieren, je fester wir uns an die gegenwärtige Realität binden, indem wir mit motorischen Reaktionen auf sensorische Reize antworten. Tatsächlich legt sich das normale Ich niemals auf eine dieser Extrempositionen fest; es bewegt sich zwischen ihnen, nimmt abwechselnd die durch die dazwischenliegenden Schnitte dargestellten Positionen ein oder, mit anderen Worten: verleiht seinen Vorstellung gerade genug vom Bild und gerade genug von der Idee, um von ihnen einen nützlichen Beitrag zur gegenwärtigen Handlung erhalten zu können. *MM 180–181*

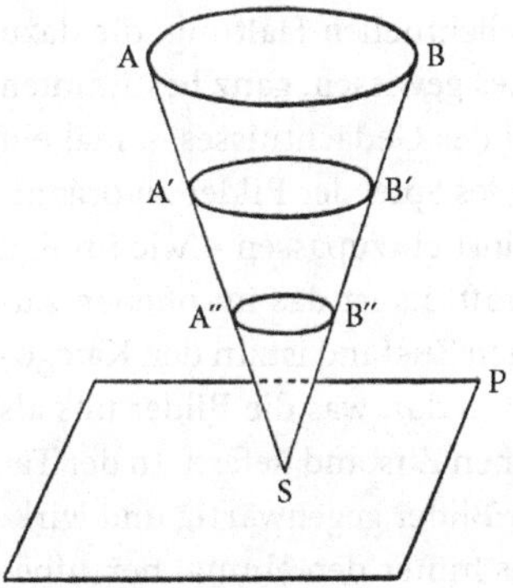

Fig. 2

33. Das Schema

[...] das Schema, von dem wir sprechen, hat nichts Mysteriöses, noch nicht einmal etwas Hypothetisches; es ist auch nichts daran, was die Tendenzen einer Psychologie schockieren könnte, die daran gewöhnt ist, wenn schon nicht alle unsere Vorstellungen in Bilder aufzulösen, so doch zumindest jede Vorstellung unter Bezug auf wirkliche oder mögliche Bilder zu definieren. Das mentale Schema, so wie wir es in dieser gesamten Untersuchung in den Blick nehmen, wird durchaus in Abhängigkeit von wirklichen oder möglichen Bildern definiert. Es besteht in einer *Erwartung* von Bildern, in einer intellektuellen Haltung, die dazu bestimmt ist, mal die Ankunft eines gewissen, ganz bestimmten Bildes vorzubereiten – wie im Fall des Gedächtnisses –, mal ein mehr oder weniger lang andauerndes Spiel der Bilder zu organisieren, die in der Lage sind, sich dort einzupassen – wie im Fall der schöpferischen Vorstellungskraft. Es ist das im offenen Zustand, was das Bild im geschlossenen Zustand ist. In den Kategorien des *Werdens* stellt es dynamisch dar, was die Bilder uns als schon *fertig Bestehendes* im statischen Zustand liefern. In der Tätigkeit des Heraufbeschwörens der Bilder gegenwärtig und wirksam, verblaßt und verschwindet es hinter den einmal heraufbeschworenen Bildern, da dann sein Werk vollbracht ist. Das Bild mit festen Konturen bildet ab, was gewesen ist. Eine Intelligenz, die nur mit Bildern dieser Art operieren würde, wäre lediglich in der Lage, ihre Vergangenheit, so wie sie war, von neuem zu beginnen oder deren erstarrte Elemente zu nehmen, um sie durch eine Mosaikarbeit in einer anderen Ordnung zusammenzusetzen. Eine flexible Intelligenz jedoch, die fähig ist, ihre vergangene Erfahrung zu nutzen, indem sie diese der Linienführung der Gegenwart entsprechend umbiegt, bedarf neben dem Bild noch einer Vorstellung anderer Ordnung, die jederzeit fähig ist, sich in Bildern zu verwirklichen, aber doch immer von diesen unterschieden bleibt. Nichts anderes ist das Schema.

Die Existenz dieses Schemas ist also eine Tatsache, und es ist im Gegenteil die Reduktion jeglicher Vorstellung auf feste Bilder, nach dem Muster äußerer Gegenstände, die eine Hypothese wäre. Fügen wir hinzu, daß diese Hypothese ihre Unzulänglichkeit nirgends so deutlich offenbart wie in der aktuellen Frage. Wenn die Bilder das Ganze unseres mentalen Lebens ausmachen, wodurch könnte sich dann der Zustand der Konzentration des Geistes vom Zustand intellektueller Zerstreutheit unterscheiden? Man müßte annehmen, daß in gewissen Fällen die Bilder ohne eine gemeinsame Absicht aufeinanderfolgen, wogegen in anderen Fällen, durch einen unerklärlichen Glücksfall, sich alle gleichzeitigen und aufeinanderfolgenden Bilder so gruppieren, daß sie die immer besser angenäherte Lösung ein und desselben Problems liefern. Wird man uns sagen, daß es kein Glücksfall sei, sondern daß die Ähnlichkeit der Bilder bewirke, daß diese einander herbeirufen, in mechanischer Weise und gemäß dem allgemeinen Gesetz der Assoziation? Doch im Fall der intellektuellen Anstrengung brauchen die Bilder, die einander nachfolgen, eben nicht die geringste äußerliche Ähnlichkeit miteinander aufzuweisen: Ihre Ähnlichkeit ist gänzlich innerlich; es ist eine Identität der Bedeutung, eine ebenbürtige Fähigkeit, ein bestimmtes Problem zu lösen, gegenüber dem sie analoge oder komplementäre Positionen einnehmen, ungeachtet all der Unterschiede ihrer konkreten Form. Es muß also der Geist schon eine Vorstellung des Problems haben, und dies in ganz anderer Weise als in Form eines Bildes. Wäre es selbst Bild, so würde es Bilder heraufbeschwören, die ihm ähneln und die sich untereinander ähneln. Doch weil seine Rolle im Gegenteil gerade darin besteht, Bilder anhand ihres Potentials, die Schwierigkeit zu lösen, herbeizurufen und zu gruppieren, muß es diesem Potential der Bilder Rechnung tragen und nicht ihrer äußeren und augenscheinlichen Form. Es handelt sich also durchaus um einen Modus der Vorstellung, der von der bildhaften Vorstellung unterschieden ist, wenngleich er sich auch nur unter Bezug auf diese definieren läßt.

Vergeblich würde man uns die Schwierigkeit entgegenhalten, die Wirkung dieses Schemas auf die Bilder zu begreifen. Ist die des Bildes auf das Bild etwa klarer? Geht man denn, wenn man sagt, daß die Bilder sich aufgrund ihrer Ähnlichkeit anziehen, über die reine und schlichte Feststellung der Tatsachen hinaus? Alles, was wir verlangen, ist, daß man keinen Teil der Erfahrung vernachlässigt. Neben dem Einfluß des Bildes auf das Bild gibt es die Anziehung oder den Antrieb, die das Schema auf die Bilder ausübt. Neben der Entwicklung des Geistes auf einer einzigen Ebene, in der Fläche, gibt es die Bewegung des Geistes, die von einer Ebene zur nächsten übergeht, in die Tiefe. Neben dem Mechanismus der Assoziation gibt es jenen der mentalen Anstrengung. Die Kräfte, die in beiden Fällen wirken, unterscheiden sich nicht nur einfach in der Intensität; sie unterscheiden sich in der Richtung. Geht es darum, zu wissen, *wie* sie wirken, so ist dies eine Frage, die nicht allein in den Zuständigkeitsbereich der Psychologie fällt: Sie ist mit dem allgemeinen und metaphysischen Problem der Kausalität verknüpft. Zwischen dem Antrieb und der Anziehung, zwischen der »Wirkursache« und der »Zielursache«, gibt es, so glauben wir, ein Mittelding, eine Form der Aktivität, aus der die Philosophen – auf dem Wege der Verarmung und der Aufspaltung zu den beiden äußersten, einander gegenüberliegenden Grenzen übergehend – die Idee der Wirkursache auf der einen und der Zielursache auf der anderen Seite gezogen haben. Dieses Vorgehen, das dasjenige des Lebens selbst ist, besteht in einem graduellen Übergang von dem am wenigsten Realisierten zu dem am meisten Realisierten, vom Intensiven zum Extensiven, von einem wechselseitigen Ineinanderverwobensein der Teile zu ihrer Nebeneinanderreihung. Die intellektuelle Anstrengung ist etwas dieser Art. Bei ihrer Analyse haben wir anhand des abstraktesten und folglich auch des einfachsten Beispiels jene wachsende Materialisierung des Immateriellen, die für die vitale Aktivität charakteristisch ist, so nah wie möglich in den Blick genommen. *ES 187–190*

C) Die Rolle des Körpers

34. Das Denken und das Gehirn

[...] das Denken ist auf das Handeln ausgerichtet; und wenn es nicht auf eine reale Handlung hinausläuft, dann skizziert es eine oder mehrere virtuelle, schlicht mögliche Handlungen. Diese realen oder virtuellen Handlungen, die die abgeschwächte und vereinfachte Projektion des Denkens in den Raum sind und die dessen motorische Gliederung anzeigen, sind das, was sich davon in der Hirnsubstanz abzeichnet. Das Verhältnis des Gehirns zum Denken ist also komplex und subtil. Wenn man mich bittet, dies in einer einfachen und notwendig groben Formel auszudrücken, dann würde ich sagen, daß das Gehirn ein Organ der Pantomime und nur der Pantomime ist. Seine Rolle besteht darin, das Leben des Geistes zu mimen, ebenso wie die äußeren Situationen, an die sich der Geist anpassen muß. Die Hirntätigkeit ist für die mentale Tätigkeit, was die Bewegungen des Taktstocks des Dirigenten für die Symphonie sind. Die Symphonie geht in allen Richtungen über die Bewegungen, die sie skandieren, hinaus; und ebenso reicht das Leben des Geistes über das zerebrale Leben hinaus. Das Gehirn jedoch – gerade weil es aus dem Leben des Geistes all das extrahiert, was sich in Bewegung umsetzen und materialisieren läßt, gerade weil es so den Einfügungspunkt des Geistes in die Materie konstituiert – gewährleistet in jedem Augenblick die Anpassung des Geistes an die Umstände, hält den Geist unentwegt in Kontakt mit den Realitäten. Es ist also strenggenommen weder Organ des Denkens noch des Gefühls, noch des Bewußtseins; sondern es bewirkt, daß Bewußtsein, Gefühl und Denken auf das wirkliche Leben gespannt bleiben und somit fähig zu wirksamer Handlung. Sagen wir, wenn man so will, daß das Gehirn das Organ *der Aufmerksamkeit auf das Leben* ist.

Darum reicht schon eine leichte Modifikation der Hirnsubstanz, damit der gesamte Geist betroffen erscheint. Wir sprachen bereits von der Wirkung gewisser Gifte auf das Bewußtsein und allgemeiner vom Einfluß der Gehirnerkrankungen auf das mentale Leben. Ist es in solchen Fällen der Geist selbst, der gestört ist, oder wäre es nicht vielmehr der Mechanismus der Einfügung des Geistes in die Dinge? Wenn ein Verrückter falsche Schlüsse zieht, dann können seine Schlüsse den Regeln der strengsten Logik gehorchen; würde man doch, wenn man diesen oder jenen an Verfolgungswahn Leidenden reden hört, sagen, daß er gerade durch ein Übermaß an Logik sündigt. Sein Unrecht besteht nicht darin, fehlerhaft zu denken, sondern darin, an der Wirklichkeit vorbeizudenken, außerhalb der Wirklichkeit, wie ein Mensch, der träumt. Nehmen wir also an, wie es wahrscheinlich erscheint, daß die Krankheit durch eine Vergiftung der Hirnsubstanz verursacht werde. Man muß nun nicht glauben, das Gift habe das Denken in diesen oder jenen Zellen des Gehirns heimgesucht, noch folglich, daß es in diesen oder jenen Punkten des Gehirns Bewegungen von Atomen gibt, die dem Denken entsprechen. Nein, es ist wahrscheinlich, daß es das gesamte Gehirn ist, was davon betroffen ist, ebenso wie es das gesamte gespannte Seil ist, das sich entspannt, wenn der Knoten schlecht geknüpft ist, und nicht dieser oder jener seiner Teile. Doch ebenso wie eine sehr leichte Lockerung der Leine genügt, damit das Schiff anfängt, auf den Wellen zu tanzen, kann eine selbst leichte Modifikation der gesamten Hirnsubstanz bewirken, daß der Geist den Kontakt mit der Gesamtheit der materiellen Dinge, auf die er sich normalerweise stützt, verliert und so die Wirklichkeit unter sich zurückweichen fühlt, ins Schwanken gerät und von Schwindel erfaßt wird. Es ist in der Tat durchaus ein der Schwindelempfindung vergleichbares Gefühl, mit dem die Verrücktheit in vielen Fällen beginnt. Der Kranke ist desorientiert. Er wird einem sagen, daß die materiellen Gegenstände für ihn nicht mehr die gleiche Solidität, Plastizität und Wirklichkeit haben wie zuvor. Ein Nachlassen der Spannung oder vielmehr der Aufmerksamkeit, mit der der Geist sich auf den Teil der materiellen Welt konzentrierte, mit dem er es zu tun hatte, ist in der Tat das einzige direkte Resultat der Hirnstörung – da das Gehirn die Gesamtheit der Vorrichtungen ist, die dem Geist erlauben, auf das Wirken der Dinge mit vollzogenen oder bloß erst entstehenden motorischen Reaktionen zu antworten, deren Angemessenheit die perfekte Einfügung des Geistes in die Realität gewährleistet. *ES 47–49*

35. Hirnschäden

Die Störungen des reproduktiven Gedächtnisses, die lokalisierten Schädigungen der Hirnrinde entsprechen, sind immer Krankheiten des Wiedererkennens, sei es des visuellen oder auditiven Wiedererkennens im allgemeinen (Seelenblindheit und -taubheit), sei es des Wiederkennens der Wörter (Wortblindheit, -taubheit etc.). Von dieser Art also sind die Störungen, die wir untersuchen müssen.

Wenn aber unsere Hypothese berechtigt ist, dann werden diese Schädigungen des Wiedererkennens keineswegs daher kommen, daß die Erinnerungen in der geschädigten Region weilten. Sie werden von zwei Ursachen herrühren müssen: einmal daher, daß unser Körper angesichts des von außen kommenden Reizes nicht mehr imstande ist, die präzise Haltung, mithilfe derer eine Auswahl unter unseren Erinnerungen vorgenommen wird, automatisch einzunehmen, und einmal daher, daß die Erinnerungen im Körper keinen Angriffspunkt mehr finden, kein Mittel, um sich in einer Handlung fortzusetzen. Im ersten Fall wird die Schädigung die Mechanismen betreffen, die die empfangenen Schwingungen in automatisch ausgeführten Bewegungen fortsetzen: Die Aufmerksamkeit läßt sich nicht mehr durch den Gegenstand fixieren. Im zweiten Fall wird die Schädigung jene besonderen Zentren der Hirnrinde betreffen, die die willensgesteuerten Bewegungen *vorbereiten,* indem sie ihnen die notwendige sensorische Vorgeschichte liefern, und die man, zu Recht oder zu Unrecht, Vorstellungszentren nennt: Die Aufmerksamkeit läßt sich nicht mehr durch das Subjekt fixieren. Doch im einen wie im anderen Fall sind es aktuelle Bewegungen, die geschädigt sein werden, oder künftige Bewegungen, die nicht mehr vorbereitet werden: Es wird keine Zerstörung von Erinnerungen gegeben haben.

Die Pathologie bestätigt nun diese Vorhersage. Sie offenbart uns die Existenz von zwei absolut verschiedenen Arten von Seelenblindheit und -taubheit sowie von Wortblindheit und -taubheit. Bei der ersten Art werden die visuellen und auditiven Erinnerungen noch wachgerufen, vermögen sich aber nicht mehr auf die entsprechenden Wahrnehmungen zu fügen. Bei der zweiten wird das Wachrufen der Erinnerungen selbst verhindert. · *MM 118–119*

36. Die Krankheiten des Gedächtnisses

Es gibt einen Punkt, in dem alle Welt übereinkommt, nämlich den, daß die Krankheiten des Wortgedächtnisses durch mehr oder weniger genau lokalisierbare Schädigungen des Gehirns verursacht sind. Sehen wir also, wie dieses Ergebnis von jener Lehre interpretiert wird, die aus dem Denken eine Funktion des Gehirns macht, und allgemeiner von jenen, die an einen Parallelismus oder eine Äquivalenz von Hirn- und Denktätigkeit glauben.

Nichts einfacher als deren Erklärung. Die Erinnerungen sind da, und zwar angehäuft im Gehirn in Form von Modifikationen, die einer Gruppe von anatomischen Elementen aufgeprägt sind: Wenn sie aus dem Gedächtnis verschwinden, dann deshalb, weil die anatomischen Elemente, in denen sie ruhen, beeinträchtigt oder zerstört sind. Wir sprachen vorhin von Druckplatten und Tonträgern – derartige Vergleiche findet man in allen zerebralen Erklärungen des Gedächtnisses: Die von den äußeren Gegenständen erzeugten Eindrücke würden demnach im Gehirn bestehen bleiben wie auf der lichtempfindlichen Platte oder der Schallplatte. Bei näherer Betrachtung aber würde man sehen, wie irreführend diese Vergleiche sind. Wenn meine visuelle Erinnerung eines Gegenstandes zum Beispiel wirklich ein von diesem Gegenstand hinterlassener Eindruck in meinem Gehirn wäre, so besäße ich niemals *die* Erinnerung an einen Gegenstand, sondern ich hätte Tausende davon, ja Millionen; denn der einfachste und stabilste Gegenstand verändert seine Form, seine Dimensionen, seine Schattierungen, je nach dem Standpunkt, von dem aus ich ihn erblicke: Wenn ich mich also, während ich ihn betrachte, nicht zu einer absoluten Reglosigkeit verdamme und mein Auge in seiner Augenhöhle erstarrt, werden unzählige, keineswegs dekkungsgleiche Bilder sich Zug um Zug auf meiner Netzhaut abzeichnen und an mein Gehirn weitergeleitet werden. Und was würde das erst bei dem visuellen Bild einer Person bedeuten, deren Physiognomie sich wandelt, deren Körper beweglich ist, deren Kleidung und Umgebung jedesmal, wenn ich sie wiedersehe, unterschiedlich sind? Und doch ist es unbestreitbar, daß mein Bewußtsein mir nur ein einziges oder zumindest nahezu ein einziges Bild präsentiert, eine praktisch invariable Erinnerung des Gegenstandes oder der Person: offensichtlicher Beweis dessen, daß sich hier etwas ganz anderes als eine mechanische Abspeicherung ereignet hat. Ich würde übrigens dasselbe über die auditive Erinnerung sagen. Dasselbe Wort, von verschiedenen Personen oder von derselben Person in verschiedenen Augenblicken, in verschiedenen Sätzen artikuliert, ergibt Tonaufzeichnungen, die untereinander nicht deckungsgleich sind: Wie also sollte die relativ invariable und einzige Erinnerung des Klangs des Wortes mit einer Tonaufzeichnung vergleichbar sein? Diese einfache Betrachtung genügt schon, um uns die Theorie, die die Krankheiten des Gedächtnisses einer Beeinträchtigung oder einer Zerstörung der automatisch von der Hirnrinde aufgezeichneten Erinnerungen selbst zuschreibt, fragwürdig erscheinen zu lassen.

Doch sehen wir zu, was bei diesen Krankheiten geschieht. Dort, wo die Hirnschädigung gravierend ist und wo das Wortgedächtnis bis in die Tiefe betroffen ist, kommt es vor, daß ein mehr oder weniger heftiger Reiz, eine Emotion zum Beispiel, plötzlich die Erinnerung zurückbringt, die für immer verloren schien. Wäre dies möglich, wenn die Erinnerung in der beeinträchtigten oder zerstörten Hirnmaterie abgelegt gewesen wäre? Die Dinge spielen sich vielmehr so ab, als ob das Gehirn dazu dienen würde, die Erinnerung *zurückzurufen,* und nicht dazu, sie aufzubewahren. Der Aphasiker verliert die Fähigkeit, das Wort wiederzufinden, wenn er es braucht; er scheint im Kreis darum herum zu irren und nicht die rechte Kraft zu haben, um den Finger auf den präzisen Punkt zu legen, den es zu berühren gälte; im Bereich der Psychologie nämlich ist das äußere Zeichen der Kraft immer die Präzision. Doch die Erinnerung scheint sehr wohl da zu sein: Manchmal wird der Aphasiker, wenn er das verschwunden geglaubte Wort durch Paraphrasen ersetzt, das Wort selbst in eine von ihnen einfließen lassen. Das, was hier schwächer wird, ist jene *Justierung* auf die *Situation*, die der Hirnmechanismus gewährleisten soll. Genauer gesagt ist das, was betroffen ist, die Fähigkeit, die Erinnerung bewußt werden zu lassen, indem im voraus die Bewegungen skizziert werden, durch welche die Erinnerung, wenn sie bewußt wäre, sich in einer Handlung fortsetzen würde. Wie gehen wir vor, wenn wir einen Eigennamen vergessen haben und uns an diesen zu erinnern versuchen? Wir probieren alle Buchstaben des Alphabetes nacheinander durch; zuerst sprechen wir sie uns innerlich vor, dann, wenn das nicht reicht, sprechen wir sie laut aus; wir versetzen uns also Zug um Zug in all die verschiedenen motorischen Dispositionen, zwischen denen zu wählen wäre; ist die rechte Haltung einmal gefunden, so gleitet der Klang des gesuchten Wortes dort wie in einen eigens für ihn vorbereiteten Rahmen hinein. Es ist dieses reale oder virtuelle, vollzogene oder skizzierte Mimen, das der Hirnmechanismus gewährleisten muß. Und dies ist zweifellos auch das, was von der Krankheit befallen wird.

Man überlege nun, was man bei fortschreitender Aphasie, das heißt in den Fällen, in denen das Vergessen der Worte stetig schlimmer wird, beobachtet. Im allgemeinen verschwinden die Worte dann in einer bestimmten Reihenfolge, als ob die Krankheit die Grammatik beherrschte: Die Eigennamen verschwinden zuerst, dann die Allgemeinbegriffe, danach die Adjektive und zuletzt die Verben. Das ist es, was zunächst der Hypothese einer Anhäufung von Erinnerungen in der Hirnsubstanz recht zu geben scheint. Die Eigennamen, die Allgemeinbegriffe, die Adjektive und die Verben würden sozusagen lauter übereinanderliegende Schichten ausmachen, und die Schädigung würde diese Schichten eine nach der anderen erreichen. Ja, aber: Die Krankheit kann verschiedenste Ursachen haben, die unterschiedlichsten Formen annehmen, in irgendeinem Punkt der betreffenden Hirnregion beginnen und in jeder beliebigen Richtung fortschreiten – die Reihenfolge des Verschwindens der Erinnerungen bleibt dieselbe. Wäre dies möglich, wenn es die Erinnerungen selbst wären, die die Krankheit angriffe? Der Sachverhalt muß also anders erklärt werden. Und dies wäre die sehr einfache Interpretation, die ich dafür vorschlagen möchte: Wenn die Eigennamen vor den Allgemeinbegriffen, diese vor den Adjektiven und die Adjektive vor den Verben verschwinden, so liegt dies zunächst daran, daß es schwieriger ist, sich an einen Eigennamen als an einen Allgemeinbegriff, an einen Allgemeinbegriff als an ein Adjektiv, an ein Adjektiv als an ein Verb zu erinnern: Die Funktion des Zurückrufens der Erinnerung, zu der das Gehirn offensichtlich seinen Beitrag leistet, muß sich also auf immer leichtere Fälle beschränken, je weiter die Schädigung des Gehirns sich verschlimmert. Woher aber rührt die mehr oder weniger große Schwierigkeit des Zurückrufens der Erinnerung? Und warum sind es unter all den Wörtern gerade die Verben, die wir am mühelosesten heraufbeschwören können? Das liegt schlicht daran, daß die Verben Handlungen ausdrücken und daß eine Handlung gemimt werden kann. Das Verb kann direkt gemimt werden, das Adjektiv nur vermittelt durch das Verb, das es enthält, das Substantiv durch die doppelte Vermittlung des Adjektivs, das eines seiner Attribute ausdrückt, und des im Adjektiv implizierten Verbs, der Eigenname durch die dreifache Vermittlung des Allgemeinbegriffs, des Adjektivs und noch des Verbs; in dem Maße, in dem wir vom Verb zum Eigennamen voranschreiten, entfernen wir uns also um so weiter von der sofort imitierbaren und durch den Körper vollziehbaren Handlung; ein immer komplexerer Kunstgriff wird also nötig, um die durch das gesuchte Wort ausgedrückte Idee in einer Bewegung zu symbolisieren; und da die Aufgabe, diese Bewegungen vorzubereiten, dem Gehirn obliegt und sein Funktionieren in diesem Punkt um so stärker geschwächt, eingeschränkt und vereinfacht ist, je tiefgreifender die in Frage stehende Region geschädigt ist, ist es nicht erstaunlich, daß eine Beeinträchtigung oder Zerstörung der Gewebe, die das Heraufbeschwören der Eigennamen oder der Allgemeinbegriffe unmöglich macht, das der Verben noch gelingen läßt. Hier wie anderswo laden uns die Fakten dazu ein, in der Hirnaktivität einen mimisch umgesetzten Auszug der mentalen Aktivität zu sehen und nicht ein Äquivalent dieser Aktivität. *ES 51–55*

37. Was ist das Gehirn?

[...] es genügt, die Struktur des Gehirns mit jener des Rückenmarks zu vergleichen, um sich davon zu überzeugen, daß zwischen den Funktionen des Gehirns und der Reflextätigkeit des Rückenmarkssystems nur ein Unterschied der Komplexität und kein Unterschied des Wesens vorliegt. Was nämlich geschieht bei der reflexmäßigen Handlung? Die durch den Reiz übertragene Zentripetalbewegung wird, vermittelt durch die Nervenzellen des Rückenmarks, sofort zu einer Zentrifugalbewegung reflektiert, die zu einer Kontraktion der Muskeln führt. Und worin besteht nun andererseits die Funktion des zerebralen Systems? Anstatt sich direkt zu den motorischen Zellen des Rückenmarks fortzupflanzen und dem Muskel eine notwendige Kontraktion zu vermitteln, steigen die von den Randbezirken kommenden

Schwingungen zunächst bis zum Zerebrum auf und laufen dann wieder hinunter zu jenen selben motorischen Zellen des Rückenmarks, die in der reflexmäßigen Bewegung zum Einsatz kamen. Was haben sie auf diesem Umweg gewonnen, und was haben sie aus den sogenannten sensiblen Zellen der Hirnrinde geholt? Ich begreife nicht und ich werde niemals begreifen, daß sie dort die mirakulöse Kraft schöpfen sollen, sich zur Vorstellung von Dingen zu verwandeln, und ich halte im übrigen diese Hypothese für unnötig, wie wir bald sehen werden. Was ich mir aber sehr gut vorstellen kann, ist, daß jene Zellen der verschiedenen sogenannten sensorischen Areale der Hirnrinde, die zwischen die letzten Verästelungen der zentripetalen Nervenfasern und die motorischen Zellen im Bereich der Rolando-Furche[1] geschaltet sind, den empfangenen Schwingungen erlauben, *nach Belieben* diesen oder jenen motorischen Mechanismus des Rückenmarks zu erreichen und so ihre Wirkung zu *wählen*. Je mehr solcher Zellen dazwischentreten, um so mehr amöbenhafte Fortsätze werden sie ausbilden, die zweifellos in der Lage sind, sich einander in diversen Weisen anzunähern, um so zahlreicher und vielfältiger werden auch die Wege sein, die sich einer selben von der Peripherie kommenden Schwingung eröffnen können, und um so mehr Bewegungssysteme wird es folglich geben, zwischen denen ein selber Reiz die Wahl läßt. Das Gehirn muß daher unserer Meinung nach nichts anderes als eine Art zentrales Telefonbüro sein: Seine Rolle besteht darin, »zu verbinden« oder warten zu lassen. Es fügt dem, was es empfängt, nichts hinzu, da aber die letzten Ausläufer aller Wahrnehmungsorgane dort ankommen und alle motorischen Mechanismen des Rückenmarks und des verlängerten Rückenmarks dort ihre festen Vertreter haben, bildet es wirklich ein Zentrum, in dem der von der Peripherie ausgehende Reiz

[1] Gemeint ist hier der untere Teil des *Gyrus praecentralis*. Im Deutschen wird die Rolando-Furche heute üblicherweise »Zentralfurche« genannt. [A. d. Ü.]

sich mit diesem oder jenem gewählten und nicht mehr aufgezwungenen motorischen Mechanismus in Verbindung setzt. Da sich aber andererseits in dieser Substanz eine ungeheure Vielzahl motorischer Wege einer selben von der Peripherie ausgehenden Schwingung eröffnen können, und zwar *alle zugleich*, hat diese Schwingung die Möglichkeit, sich darin endlos aufzuspalten und folglich sich in unzähligen motorischen Reaktionen zu verlieren, die schlicht im Entstehungszustand verbleiben. So besteht die Rolle des Gehirns mal darin, die empfangene Bewegung an ein gewähltes Reaktionsorgan weiterzuleiten, mal darin, dieser Bewegung die Gesamtheit der motorischen Wege zu eröffnen, damit sie dort all die möglichen Reaktionen, die sie in sich birgt, sich abzeichnen läßt und damit sie sich, indem sie sich so zerstreut, selbst analysiert. Mit anderen Worten, das Gehirn scheint uns in bezug auf die empfangene Bewegung ein Analyseinstrument und in bezug auf die ausgeführte Bewegung ein Selektionsinstrument zu sein. Doch im einen wie im anderen Fall beschränkt sich seine Rolle darauf, Bewegung weiterzuleiten und aufzuteilen. Und ebensowenig in den oberen Zentren der Hirnrinde wie im Rückenmark arbeiten die Nervenelemente im Hinblick auf Erkenntnis: Sie skizzieren lediglich auf einen Schlag eine Vielheit von möglichen Handlungen oder organisieren eine von ihnen.

Das besagt, daß das Nervensystem nichts von einem Apparat hat, der dazu dienen würde, Vorstellungen herzustellen oder selbst nur vorzubereiten. Seine Funktion besteht darin, Reize zu empfangen, motorische Apparate zu generieren und einem gegebenen Reiz die größtmögliche Anzahl solcher Apparate zu präsentieren. Je mehr es sich entwickelt, um so zahlreicher und entfernter werden die Punkte des Raumes, die es mit immer komplexeren motorischen Mechanismen in Verbindung bringt: So wächst der Spielraum, den es unserem Handeln läßt, und gerade darin besteht seine wachsende Perfektion. Wenn aber in der gesamten Reihe der Tiere, von ihrem einen bis zu ihrem anderen Ende, das Nervensystem im Hinblick auf eine immer weniger notwendige Handlung konstruiert ist, muß man dann nicht annehmen, daß die Wahrnehmung, deren Fortschritt sich durch den des Nervensystems bestimmt, ebenso vollständig auf die Handlung ausgerichtet ist und nicht auf die reine Erkenntnis? Und muß folglich der wachsende Reichtum dieser Wahrnehmung selbst nicht einfach den wachsenden Anteil an Indeterminiertheit symbolisieren, die dem Lebewesen in der Wahl seines Verhaltens gegenüber den Dingen zugestanden wird? Gehen wir also von dieser Indeterminiertheit als dem wahren Prinzip aus. *MM 25–27*

38. Die Bedeutung der Wahrnehmung

Hier haben wir also die äußeren Bilder, dann meinen Körper und schließlich die Modifikationen, die durch meinen Körper den umgebenden Bildern beigebracht werden. Ich verstehe gut, wie die äußeren Bilder das Bild beeinflussen, das ich meinen Körper nenne: Sie übertragen Bewegung auf ihn. Und ich verstehe auch, wie dieser Körper die äußeren Bilder beeinflußt: Er gibt ihnen Bewegung zurück. Mein Körper ist also im Gesamt der materiellen Welt ein Bild, das wie die anderen wirkt, indem es Bewegung empfängt und wieder abgibt, mit diesem alleinigen Unterschied vielleicht, daß mein Körper in einem gewissen Maße die Art und Weise zu wählen scheint, in der er wieder abgibt, was er empfängt. Wie aber sollten mein Körper im allgemeinen und mein Nervensystem im besonderen das Ganze oder einen Teil meiner Vorstellung des Universums erzeugen? Man mag nun sagen, mein Körper sei Materie oder er sei Bild – das Wort ist mir gleich. Wenn er Materie ist, dann ist er Teil der materiellen Welt, und die materielle Welt existiert folglich um ihn herum und außerhalb von ihm. Ist er Bild, so kann dieses Bild nur das wiedergeben, was man in es hineingelegt hat, und weil es der Voraussetzung nach das Bild meines Körpers allein ist, wäre es absurd, daraus das des ganzen Universums ziehen zu wollen. *Mein Körper, ein*

Gegenstand, der dazu bestimmt ist, Gegenstände zu bewegen, ist also ein Handlungszentrum; er wüßte keine Vorstellung ins Leben zu rufen.

Wenn aber mein Körper ein Gegenstand ist, der in der Lage ist, eine reale und neue Wirkung auf die Gegenstände auszuüben, die ihn umgeben, dann muß er ihnen gegenüber eine privilegierte Position besetzen. Im allgemeinen beeinflußt ein beliebiges Bild die anderen Bilder in einer determinierten, sogar berechenbaren Weise, in Übereinstimmung mit dem, was man die Naturgesetze nennt. Da es nicht wählen muß, braucht es auch nicht die umgebende Region zu erkunden, noch sich im vorhinein an mehreren bloß möglichen Wirkungen zu versuchen. Das notwendige Wirken wird sich von selbst vollziehen, wenn seine Stunde geschlagen hat. Ich habe aber angenommen, daß die Rolle des Bildes, das ich meinen Körper nenne, darin besteht, auf die anderen Bilder einen realen Einfluß auszuüben und folglich sich zwischen mehreren verschiedenen materiell möglichen Vorgehensweisen zu entscheiden. Und da ihm diese Vorgehensweisen zweifellos durch den mehr oder weniger großen Nutzen suggeriert werden, den es aus den umgebenden Bildern ziehen kann, muß sich in dem Gesicht, das diese Bilder meinem Körper zeigen, in irgendeiner Weise der Nutzen abzeichnen, den mein Körper aus ihnen ziehen könnte. Tatsächlich beobachte ich, daß die Größe, die Form, ja sogar die Farbe der äußeren Gegenstände sich modifiziert, je nachdem ob mein Köper sich ihnen annähert oder sich von ihnen entfernt, daß die Stärke der Gerüche und die Intensität der Klänge mit der Entfernung zu- und abnimmt, daß schließlich diese Entfernung selbst vor allem das Maß repräsentiert, in dem die umgebenden Körper vor dem unmittelbaren Einwirken meines Körpers sicher sind. In dem Maße, in dem mein Horizont sich weitet, scheinen sich die Bilder, die mich umgeben, auf einem einheitlicheren Hintergrund abzuzeichnen und mir indifferent zu werden. Je mehr ich diesen Horizont verenge, um so deutlicher staffeln sich die Gegenstände, die er umfaßt, nach der mehr oder weniger großen Leichtigkeit, mit der mein Körper sie berühren und bewegen kann. Gleich einem Spiegel, werfen sie meinem Körper seinen möglichen Einfluß zurück; sie ordnen sich nach der zunehmenden oder abnehmenden Macht meines Körpers. *Die Gegenstände, die meinen Körper umgeben, reflektieren das mögliche Einwirken meines Körpers auf sie.* *MM 14–16*

39. Die Wahrnehmung und der Körper

Wenn eine Schädigung der Nerven oder der Zentren den Weg der Nervenschwingungen unterbricht, wird die Wahrnehmung im selben Maße vermindert. Soll uns das wundern? Die Rolle des Nervensystems besteht darin, diese Schwingungen zu nutzen und sie in real oder virtuell vollzogene praktische Schritte umzuwandeln. Wenn aus dem einen oder anderen Grund der Reiz nicht mehr durchkommt, wäre es seltsam, wenn die entsprechende Wahrnehmung noch stattfände, da diese Wahrnehmung unseren Körper dann mit Punkten des Raumes in Beziehung setzen würde, die ihn nicht mehr direkt dazu einladen würden, eine Wahl zu treffen. Wenn man den optischen Nerv eines Tieres durchtrennt, dann überträgt sich die von dem Lichtpunkt ausgehende Schwingung nicht mehr auf das Gehirn und von dort auf die motorischen Nerven; das Band, das unter Einschluß des optischen Nervs den äußeren Gegenstand mit den motorischen Mechanismen des Tieres verband, ist zerrissen: Die visuelle Wahrnehmung ist folglich machtlos geworden, und in dieser Machtlosigkeit besteht gerade die Unbewußtheit. Daß die Materie ohne das Zutun eines Nervensystems und ohne Sinnesorgane wahrgenommen werden könnte, ist nicht theoretisch undenkbar; es ist aber praktisch unmöglich, weil eine Wahrnehmung dieser Art zu nichts dienen würde. Sie wäre einem Geisterwesen und nicht einem lebenden, das heißt handelnden Wesen angemessen. Man stellt sich den lebenden Körper wie einen Staat im Staate vor, das Nervensystem wie ein separates Wesen, dessen Funktion zunächst darin bestünde, Wahrnehmungen zu erstellen und dann Bewegungen zu erschaffen. In Wahrheit spielt mein Nervensystem, das zwischen die Gegenstände, die meinen Körper in Schwingungen versetzen, und jene, die ich beeinflussen könnte, geschaltet ist, die Rolle eines einfachen Leiters, der Bewegung überträgt, aufteilt und hemmt. Dieser Leiter setzt sich aus einer ungeheuren Vielzahl von Fäden zusammen, die von der Peripherie zum Zentrum und vom Zentrum zur Peripherie gespannt sind. So viele von der Peripherie zum Zentrum laufende Fäden es gibt, so viele Punkte des Raumes gibt es, die an meinen Willen appellieren und sozusagen eine elementare Frage an meine motorische Aktivität stellen können: Jede gestellte Frage ist eben gerade das, was man eine Wahrnehmung nennt. Auch wird die Wahrnehmung jedesmal um eines ihrer Elemente beschnitten, wenn einer der sogenannten sensiblen Fäden durchtrennt wird, da dann irgendein Teil des äußeren Gegenstandes die Macht verliert, an die Aktivität zu appellieren, und ebenso jedesmal, wenn eine feste Gewohnheit angenommen wurde, denn in diesem Fall läßt die schon ganz fertige Replik die Frage unnötig werden. Das, was im einen wie im anderen Fall verschwindet, ist die sichtbare Reflexion der Schwingung auf sich selbst, die Rückkehr des Lichtes zu dem Bild, von dem es ausgeht, oder vielmehr diese Aufspaltung, dieses *Unterscheiden*[1], das bewirkt, daß aus dem Bild die Wahrnehmung heraustritt. Man kann also sagen, daß die Einzelheiten der Wahrnehmung sich exakt nach denen der sogenannten sensiblen Nerven gestalten, daß jedoch die Wahrnehmung in ihrer Gesamtheit den wahren Grund ihrer Existenz in der Tendenz des Körpers hat, sich zu bewegen. *MM 42–44*

[1] Unterscheiden hier im Sinne des Voneinanderscheidens und -absonderns, der unterscheidenden Auswahl. [A. d. Ü.]

40. Wahrnehmung und affektive Empfindung

Man muß die Dinge von Näherem betrachten und sich klar machen, daß die Notwendigkeit der affektiven Empfindungen aus der Existenz der Wahrnehmung selbst entspringt. Die Wahrnehmung, so wie wir sie verstehen, ermißt unser mögliches Einwirken auf die Dinge und dadurch auch umgekehrt das mögliche Einwirken der Dinge auf uns. Je größer das Handlungspotential des Körpers ist (symbolisiert durch eine höhere Komplexität des Nervensystems), um so weiter ist das Feld, das die Wahrnehmung umfaßt. Die Entfernung, die unseren Körper von einem wahrgenommenen Gegenstand trennt, mißt also tatsächlich die mehr oder weniger unmittelbare Bedrohung durch eine Gefahr, die mehr oder weniger nahe Erfüllung einer Verheißung. Und folglich drückt unsere Wahrnehmung eines von unserem Körper unterschiedenen und von ihm durch einen Zwischenraum getrennten Gegenstandes immer nur eine virtuelle Handlung aus. Je mehr jedoch die Entfernung zwischen diesem Gegenstand und unserem Körper abnimmt, je unmittelbarer, mit anderen Worten, die Gefahr wird und je näher die Verheißung rückt, um so mehr tendiert die virtuelle Handlung dazu, sich zu einer realen zu transformieren. Gehen wir nun zum Grenzfall über und nehmen wir an, daß die Entfernung gleich Null wird, das heißt der wahrzunehmende Gegenstand mit unserem Körper zusammenfällt, das heißt also unser eigener Körper der wahrzunehmende Gegenstand ist. Dann ist es nicht mehr eine virtuelle Handlung, sondern eine reale Handlung, die diese ganz spezielle Wahrnehmung ausdrücken wird: Eben darin besteht die affektive Empfindung. Unsere Empfindungen verhalten sich also zu unseren Wahrnehmungen wie die reale Handlung unseres Körpers zu seiner möglichen oder virtuellen Handlung. Seine virtuelle Handlung betrifft die anderen Gegenstände und zeichnet sich in diesen Gegenständen ab – seine reale Handlung betrifft ihn selbst und zeichnet sich folglich in ihm selbst ab. Kurzum spielt sich also alles so ab, als ob durch eine wahrhafte Rückkehr der realen und virtuellen Handlungen zu ihren Anwendungs- oder Ursprungspunkten die äußeren Bilder durch unseren Körper in den ihn umgebenden Raum reflektiert würden und die realen Handlungen durch ihn im Inneren seiner Substanz festgehalten. Und das ist der Grund, warum seine Oberfläche, die gemeinsame Grenze von Außen und Innen, das einzige Stück Ausgedehntheit ist, das zugleich wahrgenommen und gefühlt wird.

Das läuft immer wieder darauf hinaus, daß meine Wahrnehmung außerhalb meines Körpers, meine affektiven Empfindungen hingegen in meinem Körper sind. Ebenso wie die äußeren Gegenstände durch mich dort wahrgenommen werden, wo sie sind, in sich und nicht in mir, so werden meine affektiven Zustände dort empfunden, wo sie auftreten, das heißt in einem bestimmten Punkt meines Körpers. Man betrachte nun dieses System von Bildern, das sich die materielle Welt nennt. Mein Körper ist eines von ihnen. Um dieses Bild herum ordnet sich die Vorstellung an, das heißt sein möglicher Einfluß auf die anderen. In ihm tritt die affektive Empfindung, das heißt seine aktuelle auf ihn selbst gerichtete Anstrengung, auf. Im Grunde ist genau dies der Unterschied, den jeder von uns ganz natürlich und spontan zwischen einem Bild und einer Empfindung macht. Wenn wir sagen, daß das Bild außerhalb von uns existiert, dann verstehen wir darunter, daß es unserem Körper äußerlich ist. Wenn wir von der Empfindung als von einem inneren Zustand sprechen, dann wollen wir sagen, daß sie in unserem Körper entspringt. Und das ist der Grund, warum wir behaupten, daß die Totalität der wahrgenommenen Bilder auch dann bestehen bleibt, wenn unser Körper verschwindet, wogegen wir unseren Körper nicht auslöschen können, ohne daß auch unsere Empfindungen verschwinden. *MM 57–59*

41. Wie das Gedächtnis sich in die Wahrnehmung einfügt

Tatsächlich gibt es keine Wahrnehmung, die nicht von Erinnerungen durchtränkt ist. Unter die unmittelbaren und gegenwärtigen Daten unserer Sinne mischen wir tausend und abertausend Einzelheiten unserer vergangenen Erfahrung. Zumeist verdrängen diese Erinnerungen unsere realen Wahrnehmungen, von denen wir dann nur einige Andeutungen zurückbehalten, schlichte »Zeichen«, die dazu bestimmt sind, uns alte Bilder in Erinnerung zu rufen. Dies ist der Preis für die Bequemlichkeit und die Schnelligkeit der Wahrnehmung; doch daraus werden auch die Illusionen aller Arten geboren. Nichts hindert einen daran, diese ganz von unserer Vergangenheit durchdrungene Wahrnehmung durch die Wahrnehmung zu ersetzen, die ein reifes und ausgebildetes, aber in der Gegenwart eingeschlossenes und von der Aufgabe, sich ganz seinem äußeren Gegenstand anzumessen, gänzlich, bis zum Ausschluß jeglicher anderen Tätigkeit absorbiertes Bewußtsein hätte. Wird man uns sagen, daß wir eine willkürliche Hypothese aufstellen und daß diese ideale Wahrnehmung, die durch die Elimination der individuellen Akzidenzien erreicht wurde, überhaupt nicht mehr der Realität entspreche? Wir hoffen aber gerade zu zeigen, daß die individuellen Akzidenzien auf diese unpersönliche Wahrnehmung gepfropft sind, daß diese Wahrnehmung gerade die Basis unserer Erkenntnis der Dinge ist und daß man, eben weil man diese verkannt hat, weil man sie nicht von dem unterschieden hat, was die Erinnerung dort hinzufügt oder davon wegschneidet, die Wahrnehmung im ganzen zu einer Art innerer und subjektiver Schau gemacht hat, die sich von der Erinnerung lediglich durch ihre größere Intensität unterscheiden würde. Dies wird also unsere erste Hypothese sein. Doch wird sie naturgemäß eine andere nach sich ziehen. So kurz man nämlich eine Wahrnehmung auch ansetzt, wird sie doch immer eine gewisse Dauer einnehmen und folglich eine Anstrengung des Gedächtnisses erfordern, die eine Vielheit von Momenten sich ineinander erstrecken läßt. Selbst die »Subjektivität« der Empfindungsqualitäten besteht, wie wir zu zeigen versuchen werden, in einer Art Kontraktion des Realen, die durch unser Gedächtnis vorgenommen wird. Kurz, das Gedächtnis unter diesen beiden Formen, insofern es einen Boden unmittelbarer Wahrnehmung mit einem Teppich von Erinnerungen bedeckt und auch insofern es eine Vielzahl von Momenten zusammenzieht, bildet den Hauptbeitrag des individuellen Bewußtseins in der Wahrnehmung, die subjektive Seite unserer Erkenntnis der Dinge [...].

MM 30–31

42. Die Wahrnehmung – von Gedächtnis durchdrungen

In Wirklichkeit gibt es nicht nur einen einzigen Rhythmus der Dauer; man kann sich etliche verschiedene Rhythmen vorstellen, welche als langsamere oder schnellere ein Maß für den Grad der Spannung oder der Erschlaffung der verschiedenen Bewußtseine bieten und dadurch deren respektive Plätze in der Reihe der Wesen festlegen würden. Diese Vorstellung von Dauern ungleicher Spannkraft ist vielleicht schwer erträglich für unseren Geist, der die nützliche Gewohnheit angenommen hat, die wahre, vom Bewußtsein erlebte Dauer durch eine homogene und eigenständige Zeit zu ersetzen; doch erstens läßt sich, wie wir gezeigt haben, leicht die Illusion entlarven, die eine solche Vorstellung schwer erträglich macht, und zweitens hat diese Idee im Grunde die stillschweigende Zustimmung unseres Bewußtseins für sich. Kommt es denn nicht vor, daß wir, wenn wir schlafen, in uns selbst zwei gleichzeitige und voneinander unterschiedene Personen wahrnehmen, von denen die eine ein paar Minuten schläft, während der Traum der anderen Tage und Wochen einnimmt? Und würde nicht für ein Bewußtsein, das stärker gespannt ist als das unsere und das der Entwicklung der Menschheit beiwohnen würde, indem es sie sozusagen zu den großen Phasen ihrer Evolution zusammenzieht, die gesamte Geschichte in eine sehr kurze Zeit hineinpassen? Wahrnehmen besteht also letztlich darin, riesige Perioden einer unendlich verdünnten Existenz in einigen stärker differenzierten Momenten eines intensiveren Lebens zu kondensieren und so eine lange Geschichte zusammenzufassen. Wahrnehmen bedeutet stillstellen.

Das heißt, daß wir im Akt der Wahrnehmung etwas erfassen, das über die Wahrnehmung selbst hinausgeht, allerdings ohne daß das materielle Universum deshalb wesentlich von der Vorstellung, die wir davon haben, abweicht oder sich unterscheidet. In einem gewissen Sinne ist meine Wahrnehmung mir durchaus innerlich, da sie das, was sich an sich auf eine unermeßliche Anzahl von Momenten verteilen würde, in einen einzigen Moment meiner Dauer zusammenzieht. Löscht man aber mein Bewußtsein aus, so bleibt das materielle Universum so bestehen, wie es war – nur kehren, da man damit jenen besonderen Rhythmus der Dauer weggestrichen hat, der die Bedingung meines Einwirkens auf die Dinge war, diese Dinge in sich selbst zurück, um sich zu ebenso vielen Momenten zu skandieren, wie die Wissenschaft an ihnen unterscheidet, und – ohne zu verschwinden – dehnen und verwässern sich die Empfindungsqualitäten in einer unvergleichlich stärker unterteilten Dauer. Die Materie löst sich so in zahllose Schwingungen auf, die alle in einer ununterbrochenen Kontinuität miteinander verbunden sind und untereinander zusammenhängen und die wie lauter Schauer in alle Richtungen laufen. – Wenn man nun, kurz gesagt, die diskontinuierlichen Gegenstände unserer alltäglichen Erfahrung miteinander verbindet, anschließend die unbewegte Kontinuität ihrer Qualitäten in sich auf der Stelle bewegende Schwingungen auflöst und sich an diese Bewegungen heftet, indem man sich von dem ihnen unterspannten unterteilbaren Raum loslöst, um nur noch die Bewegtheit an ihnen in Betracht zu ziehen – jenen ungeteilten Akt, den unser Bewußtsein in den Bewegungen erfaßt, die wir selber ausführen –, dann wird man eine vielleicht für unsere Vorstellungskraft ermüdende, aber reine und von dem, was die Erfordernisse des Lebens uns in der äußeren Wahrnehmung dort hinzufügen lassen, befreite Schau der Materie erhalten. – Stellt man nun mein Bewußtsein wieder her, und mit diesem die Erfordernisse des Lebens, dann werden in sehr großen Abständen und jedesmal riesige Perioden der inneren Geschichte der Dinge durchschreitend quasi momenthafte Anblicke aufgenommen, Anblicke, die diesmal pittoresk sind und deren schärfer voneinander abgegrenzte Farben je eine Unendlichkeit elementarer Wiederholungen und Veränderungen kondensieren. Auf diese Weise ziehen sich tausend aufeinanderfolgende Positionen eines Läufers in einer einzigen symbolischen Haltung zusammen, die unser Auge wahrnimmt, die die Kunst reproduziert und die für alle Welt das Bild eines laufenden Menschen wird. Der Blick, den wir von Moment zu Moment um uns werfen, erfaßt also nur die Effekte einer Vielzahl von inneren Wiederholungen und Evolutionen, Effekte, die ebendeshalb diskontinuierlich sind und deren Kontinuität wir durch die relativen Bewegungen, die wir den »Gegenständen« im Raum zuschreiben, wiederherstellen. Die Veränderung ist überall, aber in der Tiefe; wir lokalisieren sie nur hie und da, doch an der Oberfläche; und so konstituieren wir Körper, die zugleich, was ihre Qualitäten anbelangt, stabil und, was ihre Position angeht, beweglich sind, so daß die universale Transformation in unseren Augen in einer einfachen Ortsbewegung zusammengezogen wird. *MM 232–235*

43. Die Wahrnehmung als äußerster Grad des Gedächtnisses

Wie aber könnte die Vergangenheit, die der Voraussetzung nach aufgehört hat zu sein, sich aus sich selbst heraus erhalten? Liegt darin nicht ein wahrer Widerspruch? Wir erwidern, daß die Frage gerade ist, ob die Vergangenheit aufgehört hat zu existieren oder ob sie einfach aufgehört hat, nützlich zu sein. Man definiert willkürlich die Gegenwart als *das, was ist*, wo doch die Gegenwart einfach *das* ist, *was entsteht*. Nichts ist weniger als der gegenwärtige Moment, wenn man darunter diese unteilbare Grenze versteht, die die Vergangenheit von der Zukunft trennt. Wenn wir diese Gegenwart als sein sollend denken, dann ist sie noch nicht, wenn wir sie als existierend denken, dann ist sie schon vergangen. Betrachtet man hingegen die konkrete und wirklich vom Bewußtsein erlebte Gegenwart, so kann man sagen, daß die Gegenwart zum Großteil in der unmittelbaren Vergangenheit besteht. In dem Bruchteil einer Sekunde, den die kürzestmögliche Lichtwahrnehmung dauert, haben Trillionen von Schwingungen stattgefunden, von denen die erste von der letzten durch ein unbeschreiblich unterteiltes Intervall getrennt ist. So besteht unsere Wahrnehmung, so momenthaft sie auch sein mag, also immer aus einer unermeßlichen Vielzahl von wiedererinnerten Elementen, und richtig gesprochen ist jede Wahrnehmung schon Gedächtnis. *Wir nehmen praktisch nur die Vergangenheit wahr*, denn die reine Gegenwart ist das ungreifbare Fortschreiten der Vergangenheit, die an der Zukunft nagt.

Das Bewußtsein erleuchtet mit seinem Schein in jedem Augenblick diesen unmittelbaren Teil der Vergangenheit, der über die Zukunft gebeugt darauf hinarbeitet, diese zu verwirklichen und sich einzuverleiben. Einzig darum besorgt, auf diese Weise eine unbestimmte Zukunft zu bestimmen, wird es ein wenig von seinem Licht auch auf diejenigen von unseren weiter in die Vergangenheit zurückgetretenen Zuständen ausbreiten können, die sich nützlich mit unserem gegenwärtigen Zustand, das heißt mit unserer unmittelbaren Vergangenheit verbinden; der Rest bleibt dunkel. Es ist dieser erhellte Teil unserer Geschichte, in den wir versetzt bleiben, kraft des fundamentalen Gesetzes des Lebens, das ein Gesetz des Handelns ist: daher die von uns empfundene Schwierigkeit, uns Erinnerungen vorzustellen, die sich im Schatten erhalten würden. Unser Widerwille, das vollständige Überleben der Vergangenheit zuzugeben, hängt also an der Ausrichtung unseres psychologischen Lebens selbst, das ein regelrechtes Abrollen von Zuständen ist, bei dem es in unserem Interesse liegt, das zu beobachten, was sich entrollt, und nicht das, was schon ganz abgewickelt ist.

Wir kehren so auf einem langen Umweg zu unserem Ausgangspunkt zurück. Es gibt, sagten wir, zwei zutiefst verschiedene Gedächtnisse: Das eine, im Organismus fixiert, ist nichts anderes als das Gesamt der intelligent eingerichteten Mechanismen, die eine passende Antwort auf die verschiedenen möglichen Anfragen gewährleisten. Es bewirkt, daß wir uns der gegenwärtigen Situation anpassen und daß die Wirkungen, die wir erfahren, sich von selbst mal in vollzogenen, mal in einfach entstehenden, immer aber mehr oder weniger angemessenen Reaktionen fortsetzen. Eher Gewohnheit als Gedächtnis, vollzieht es unsere vergangene Erfahrung, beschwört aber nicht deren Bild herauf. Das andere ist das wahre Gedächtnis. Dem Bewußtsein koextensiv behält es und reiht es unsere Zustände, während sie sich ereignen, einen nach dem anderen auf, wobei es jeder Tatsache ihren Platz beläßt und sie folglich mit ihrem Datum kennzeichnet. Dabei bewegt es sich wirklich in der definitiven Vergangenheit und nicht, wie das erste, in einer unaufhörlich von neuem beginnenden Gegenwart. Doch während wir so diese beiden Formen des Gedächtnisses tiefgreifend unterschieden haben, hatten wir ihre Verbindung noch nicht gezeigt. Oberhalb des Körpers mit seinen Mechanismen, die die akkumulierten Anstrengungen vergangener Handlungen symbolisieren, schwebte im Leeren hängend das imaginierende und repetierende Gedächtnis. Wenn wir aber niemals etwas anderes wahrnehmen als unsere unmittelbare Vergangenheit, wenn unser Bewußtsein der Gegenwart schon Gedächtnis ist, dann werden die beiden Elemente, die wir zunächst getrennt hatten, sich innig miteinander verschweißen. Von diesem neuen Standpunkt aus betrachtet, ist unser Körper tatsächlich nichts anderes als der stets wiedererstehende Teil unserer Vorstellung, der Teil, der immer gegenwärtig ist, oder vielmehr jener, der in jedem

Moment gerade vergangen ist. Selbst Bild, vermag dieser Körper die Bilder nicht zu speichern, da er Teil der Bilder ist; und darum ist das Unterfangen, die vergangenen oder sogar gegenwärtigen Wahrnehmungen im Gehirn lokalisieren zu wollen, illusorisch: Sie sind nicht in ihm, sondern es ist in ihnen. Doch dieses ganz besondere Bild, das in der Mitte der anderen bestehen bleibt und das ich meinen Körper nenne, bildet, wie wir gesagt haben, in jedem Augenblick einen Querschnitt des universalen Werdens. Es ist also der *Durchgangsort* der empfangenen und wieder abgegebenen Bewegungen, das Bindeglied zwischen den Dingen, die auf mich einwirken, und den Dingen, auf die ich einwirke, mit einem Wort: der Sitz der sensomotorischen Phänomene. [...]

Das Gedächtnis des Körpers, das von der Gesamtheit der durch die Gewohnheit organisierten sensomotorischen Systeme gebildet wird, ist also ein quasi momenthaftes Gedächtnis, dem das wahrhafte Gedächtnis der Vergangenheit als Grundlage dient. Da sie nicht zwei getrennte Dinge sind, da das erste, sagten wir, nur die bewegliche Spitze ist, die das zweite in die bewegte Ebene der Erfahrung einführt, ist es nur natürlich, daß diese zwei Funktionen sich gegenseitig stützen. Auf der einen Seite nämlich präsentiert das Gedächtnis der Vergangenheit den sensomotorischen Mechanismen alle Erinnerungen, die in der Lage sind, sie bei ihrer Aufgabe zu leiten und die motorische Reaktion in die durch die Lektionen der Erfahrung suggerierte Richtung zu lenken: Eben darin bestehen die Berührungs- und die Ähnlichkeitsassoziationen. Auf der anderen Seite aber liefern die sensomotorischen Apparate den machtlosen, das heißt unbewußten Erinnerungen das Mittel, eine Gestalt anzunehmen, sich zu materialisieren, kurz: gegenwärtig zu werden. Tatsächlich muß eine Erinnerung, damit sie wieder ins Bewußtsein tritt, erst von den Höhen des reinen Gedächtnisses bis zu jenem präzisen Punkt herabgestiegen sein, an dem sich die *Handlung* vollzieht. Mit anderen Worten, es ist die Gegenwart, von der der Ruf ausgeht, dem die Erinnerung antwortet, und es sind die sensomotorischen Elemente der gegenwärtigen Handlung, von denen die Erinnerung die Wärme borgt, die Leben verleiht. *MM 166–169, 169–170*

III DAS LEBEN ODER DIE DIFFERENZIERUNG DER DAUER

A) Die Bewegung des Lebens

44. Der Lebensschwung. Bewegung der sich differenzierenden Dauer

Die Evolutionsbewegung wäre ein Einfaches und ihre Richtung wäre schnell bestimmt, wenn das Leben eine einzige Bahn beschreiben würde, ähnlich einer aus einer Kanone geschossenen Vollgeschoß-Kugel. Doch wir haben es hier mit einer Granate zu tun, die sofort in Stücke geborsten ist, Stücke, die selbst eine Art Granaten waren und die ihrerseits sofort in Teile zersplitterten, welche wiederum zu zerbersten bestimmt waren und so weiter und so fort, über eine sehr, sehr lange Zeit. Wir nehmen davon nur das wahr, was uns am nächsten ist, die zerstreuten Bewegungen pulverisierter Splitter. Und so müssen wir, von ihnen ausgehend, Stufe um Stufe zurück zur ursprünglichen Bewegung hinaufsteigen.

Wenn die Granate zerbirst, dann erklärt sich ihre je eigentümliche Zersplitterung zugleich durch die Explosionskraft des in ihr enthaltenen Pulvers und den Widerstand, den ihm das Metall entgegensetzt. Gleiches gilt für die Zersplitterung des Lebens in Individuen und Arten. Sie rührt, so glauben wir, von zwei Ursachenreihen her: dem Widerstand, den das Leben von der rohen Materie erfährt, und der – einem instabilen Gleichgewicht von Tendenzen geschuldeten – Explosionskraft, die das Leben in sich birgt.

Der Widerstand der rohen Materie ist das Hindernis, das es zuerst zu umgehen galt. Dies scheint dem Leben durch Demut gelungen zu sein: Indem es sich sehr klein und sehr geschmeidig gestaltete, sich um die physikalischen und chemischen Kräfte herumwand, selbst einwilligte, ein Stück des Weges mit ihnen zu gehen, so wie die Zunge einer Weiche für einen Moment die Richtung des Gleises annimmt, von dem sie sich abzweigen will. Bei den an den elementarsten Formen des Lebens beobachteten Phänomenen läßt sich nicht sagen, ob es noch physikalische und chemische oder schon vitale sind. Das Leben mußte sich in dieser Weise auf die Gewohnheiten der rohen Materie einlassen, um diese so in seinen Bann gezogene nach und nach auf ein anderes Gleis zu bringen. Die ersten auftretenden Lebensformen waren folglich von äußerster Einfachheit. Es waren zweifellos kleine, kaum differenzierte Protoplasma-Klümpchen, von außen den heute beobachtbaren Amöben vergleichbar, jedoch darüber hinaus von jenem ungeheuren inneren Drang getrieben, der sie bis zu den höheren Formen des Lebens emporheben sollte. Daß kraft dieses Dranges die ersten Organismen so stark wie möglich zu wachsen suchten, erscheint uns wahrscheinlich – doch die organisch-strukturierte Materie hat eine schnell erreichte Ausdehnungsgrenze. Sie zweiteilt sich eher, als über ein bestimmtes Maß hinaus zu wachsen. Zweifellos bedurfte es jahrhundertewährender Anstrengungen und wahrer Wunderwerke an Subtilität, bis das Leben dieses neue Hindernis zu umgehen vermochte. Es erreichte bei einer wachsenden Anzahl von zur Zweiteilung bereiten Elementen, daß sie vereint blieben, knüpfte durch Arbeitsteilung zwischen ihnen ein unauflösliches Band, und der komplexe und quasi diskontinuierliche Organismus funktionierte fortan so, wie es eine kontinuierliche lebende Masse getan hätte, die einfach gewachsen wäre.

Doch die wahrhaften und tiefen Ursachen der Aufsplitterung waren jene, die das Leben selbst in sich trug. Denn das Leben ist Tendenz, und das Wesen einer Tendenz ist es, sich in Form einer Garbe zu entwickeln, welche schon durch ihr bloßes Wachstum divergierende Richtungen erschafft, unter denen ihr Schwung sich aufteilt. Und gerade dies beobachten wir auch an uns selbst, in der Evolution jener besonderen Tendenz, die wir unseren Charakter nennen. Jeder von uns wird im Rückblick auf seine Geschichte feststellen, daß seine Kinderpersönlichkeit, obgleich unteilbar, in sich mehrere verschiedene Personen vereinte, die miteinander verschmolzen bleiben konnten, weil sie noch im Entstehungszustand begriffen waren: Ja, in dieser so vielversprechenden Unentschiedenheit besteht sogar gerade einer der größten Zauber der Kindheit. Doch diese sich durchdringenden Persönlichkeiten werden im Laufe ihres Wachstums miteinander inkompatibel, und weil jeder von uns nur einmal lebt, ist er gezwungen, seine Wahl zu treffen. In Wirklichkeit wählen wir unaufhörlich und geben ebenso unaufhörlich vielerlei Dinge auf. Der Weg, den wir in der Zeit durchlaufen, ist übersät mit den Trümmern all dessen, was wir zu sein begannen, all dessen, was wir hätten werden können. Doch die Natur, die über unzählige Leben verfügt, ist mitnichten zu solchen Opfern gezwungen. Sie bewahrt die verschiedenen Tendenzen, die sich beim Wachsen gegabelt haben. Sie erschafft mit ihnen divergierende Reihen von Arten, die sich getrennt weiterentwickeln werden. *EC 99–101*

45. Beispiel: Pflanze und Tier

Daß nun die tierische und die pflanzliche Zelle aus einem gemeinsamen Stamm erwachsen, daß die ersten lebenden Organismen zwischen der pflanzlichen und der tierischen Form hin und her schwankten und gleichzeitig an beiden Anteil hatten, das scheint uns außer Zweifel zu stehen. Tatsächlich haben wir ja soeben gesehen, daß die wesentlichen Tendenzen der Evolution beider Reiche, trotz ihrer Divergenz, noch heute bei Pflanze und Tier koexistieren. Der Unterschied liegt allein in der Proportion. Normalerweise überdeckt oder erdrückt eine der beiden Tendenzen die andere, aber unter außergewöhnlichen Umständen verschafft sich die unterdrückte Luft und erobert ihren verlorenen Platz zurück. Bewegungsfähigkeit und Bewußtsein der pflanzlichen Zelle sind nicht so tief entschlummert, daß sie nicht, wenn die Umstände es erlauben oder erfordern, wieder erwachen könnten. Und auf der anderen Seite wurde die Evolution des Tierreichs durch die von ihm bewahrte Tendenz zum pflanzlichen Leben ständig verzögert, angehalten und zurückgeworfen. So üppig, so überschäumend die Aktivität einer Tierart tatsächlich auch erscheinen mag, Betäubtheit und Bewußtlosigkeit lauern ihr auf. Sie erhält ihre Rolle nur durch eine Anstrengung und um den Preis einer Erschöpfung aufrecht. Unzählige Fälle von Entkräftung säumen den Weg der Evolution des Tieres, Fälle des Niedergangs, die zumeist mit parasitären Gewohnheiten verbunden sind: Es sind ebenso viele Weichenstellungen in Richtung auf das pflanzliche Leben. So drängt uns also alles zu der Annahme, daß die Pflanze und das Tier von einem gemeinsamen Vorfahren abstammen, der die Tendenzen des einen wie des anderen im Entstehungszustand in sich vereinte.

Doch die zwei Tendenzen, die sich in dieser rudimentären Form gegenseitig implizierten, haben sich im Laufe ihres Wachstums voneinander gelöst. Daher die Welt der Pflanzen mit ihrer Unbeweglichkeit und ihrer Empfindungslosigkeit, daher auch die Tiere mit ihrer Bewegungsfähigkeit und ihrem Bewußtsein. Es ist übrigens keineswegs erforderlich, zur Erklärung dieser Zweiteilung eine mysteriöse Kraft ins Feld zu führen. Es reicht, darauf hinzuweisen, daß das Lebewesen von Natur aus zu dem neigt, was ihm am bequemsten ist, und daß Pflanzen wie Tiere sich, jedes nach seiner Art, bei der Beschaffung des von ihnen benötigten Kohlen- und Stickstoffs für zwei verschiedene Formen der Bequemlichkeit entschieden haben. Die ersten entziehen diese Elemente kontinuierlich und automatisch einer Umgebung, die sie ihnen ohne Unterlaß liefert. Die zweiten entnehmen diese Bestandteile in einer diskontinuierlichen, auf einige Momente konzentrierten, bewußten Handlung aus Organismen, die diese bereits gebunden haben. Es sind zwei verschiedene Möglichkeiten dessen, was man unter Arbeit, oder wenn man lieber will, unter Faulheit versteht. Auch erscheint es uns unwahrscheinlich, daß man bei der

Pflanze je Nervenelemente finden wird, so rudimentär man diese auch ansetzen mag. Was bei ihr dem richtunggebenden Willen des Tieres entspricht, ist, so glauben wir, die Richtung, in der sie die Energie der Sonnenstrahlung beugt, wenn sie sich ihrer bedient, um die Kohlenstoff-Sauerstoff-Verbindungen in der Kohlensäure zu spalten. Was bei ihr dem Empfindungsvermögen des Tieres entspricht, ist jene ganz besondere Lichtempfindlichkeit ihres Chlorophylls. Da nun aber ein Nervensystem in erster Linie ein Mechanismus ist, der als Mittler zwischen Empfindungen und Willensakten dient, scheint uns das wahre »Nervensystem« der Pflanze jener Mechanismus oder eher Chemismus *sui generis* zu sein, der als Mittler zwischen der Lichtempfindlichkeit ihres Chlorophylls und der Stärkeproduktion dient. Das läuft darauf hinaus, daß die Pflanze keine Nervenelemente braucht und daß *derselbe Schwung, der das Tier dazu brachte, Nerven und Nervenzentren auszubilden, bei der Pflanze zur Chlorophyll-Funktion führte.** *EC 113–115*

46. Beispiel: Intelligenz und Instinkt

Wäre die dem Leben immanente Kraft eine unbegrenzte, so hätte sie vielleicht Instinkt und Intelligenz im selben Organismus endlos weiterentwickelt. Alles aber scheint darauf hinzudeuten, daß diese Kraft endlich ist und daß sie sich bei ihrer Manifestation

* So wie die Pflanze in gewissen Fällen die in ihr schlummernde Bewegungsfähigkeit wiederentdeckt, so kann auch das Tier sich unter außergewöhnlichen Umständen in die Bedingungen pflanzlichen Lebens zurückversetzen und in sich ein Äquivalent der Chlorophyll-Funktion entwickeln. Es scheint nämlich aus den neuesten Versuchen von Maria von Linden hervorzugehen, daß die Puppen und Raupen diverser Schmetterlinge unter dem Einfluß des Lichts Kohlenstoff aus der in der Atmosphäre enthaltenen Kohlensäure binden (M. von Linden, L'assimilation de l'acide carbonique par les chrysalides de Lépidoptères, *C. R. de la Soc. de biologie*, 1905, S. 692 ff.).

ziemlich schnell erschöpft. Es fällt ihr schwer, in mehreren Richtungen zugleich größere Strecken zurückzulegen. Sie ist gezwungen zu wählen. Nun aber hat sie die Wahl zwischen zwei Weisen des Einwirkens auf die rohe Materie. Sie kann diese Wirkung *unmittelbar* erbringen, indem sie sich ein *organisch-strukturiertes* Werkzeug erschafft, mit dem sie arbeitet; oder sie kann sie *mittelbar* erreichen, in einem Organismus, der, anstatt von Natur aus das erforderliche Werkzeug zu besitzen, es selber herstellt, indem er dazu anorganische Materie formt. Daher Intelligenz und Instinkt, die im Laufe ihrer Entwicklung immer stärker divergieren, sich aber niemals ganz voneinander trennen. Auf der einen Seite nämlich ist auch der vollkommenste Instinkt des Insekts immer von ein paar Intelligenzblitzen begleitet, sei es auch nur in der Wahl des Ortes, des Zeitpunkts und der Materialien einer Konstruktion: So erfinden Bienen, wenn sie in außergewöhnlichen Fällen im Freien siedeln, neue und wahrhaft intelligente Vorrichtungen, um sich den neuen Bedingungen anzupassen.* Doch auf der anderen Seite bedarf die Intelligenz noch weit nötiger des Instinktes als dieser der Intelligenz, denn eine rohe Materie zu formen setzt beim Tier schon einen höheren Grad organischer Strukturbildung voraus, zu dem es sich nur auf den Schwingen des Instinkts erheben konnte. Zudem wohnen wir, während die Natur die Richtung des Instinkts bei den Gliederfüßern sehr entschieden einschlug, bei fast allen Wirbeltieren eher der Suche nach der Intelligenz als ihrer Blüte bei. Noch ist es der Instinkt, der das Substrat ihrer psychischen Aktivität darstellt, die Intelligenz jedoch ist da und trachtet danach, ihn auszustechen. Wenn es ihr auch nicht gelingt, Werkzeuge zu erfinden, so versucht sie sich doch zumindest daran, indem sie dem Instinkt, auf den sie gerne verzichten würde, so viele Abwandlungen wie möglich beibringt. Nur beim Menschen ergreift sie ganz von sich Besitz, und

* Bouvier, La nidification des Abeilles à l'air libre (*C. R. de l'Acad. des sciences*, 7. Mai 1906).

diesen Triumph bekräftigt gerade die Unzulänglichkeit der natürlichen Mittel, über die der Mensch verfügt, um sich gegen seine Feinde, gegen Kälte und Hunger zu schützen. Versucht man den Sinn dieser Unzulänglichkeit zu entschlüsseln, gewinnt diese den Wert eines prähistorischen Dokuments: Es ist die definitive Verabschiedung des Instinkts durch die Intelligenz. Es ist deshalb nicht weniger wahr, daß die Natur zwischen zwei Modi psychischer Aktivität geschwankt haben muß: die eine ihres unmittelbaren Erfolges gewiß, aber in ihren Wirkungen begrenzt; die andere dem Zufall anheim gegeben, dafür jedoch, wenn sie zur Selbständigkeit gelangen würde, in ihren Errungenschaften unbegrenzt. Auch hier wieder wurde übrigens der größte Erfolg von der Seite davongetragen, auf der das höchste Risiko bestand. *Instinkt und Intelligenz stellen also zwei divergierende, gleichermaßen elegante Lösungen ein und desselben Problems dar.* *EC 142–144*

47. Differenzierung und Kompensation: Die Religion

Stellen wir uns also eine primitive Menschheit und rudimentäre Gesellschaften vor. Um bei diesen Gruppen den gewünschten Zusammenhalt zu sichern, würde die Natur über ein sehr einfaches Mittel verfügen: Sie bräuchte den Menschen lediglich mit den geeigneten Instinkten auszustatten. So hat sie es beim Bienenstock und beim Ameisenhaufen getan. Ihr Erfolg war im übrigen ein vollständiger: Die Individuen leben hier nur für die Gemeinschaft. Und ihre Arbeit war leicht, da sie nur ihrer gewohnten Methode zu folgen brauchte: Der Instinkt ist nämlich dem Leben koextensiv, und der soziale Instinkt, so wie man ihn bei den Insekten findet, ist nur der Unterordnungs- und Koordinationsgeist, der die Zellen, Gewebe und Organe jedes lebenden Körpers beseelt. Es ist aber eine Entfaltung der Intelligenz und nicht mehr eine Entwicklung des Instinkts, auf die der Lebensdrang der Reihe der Wirbeltiere zustrebt. Wenn die Bewegung beim

Menschen ihr Ende erreicht, ist der Instinkt zwar nicht ausgelöscht, aber ausgeschaltet; es bleibt von ihm nur ein vager Schein rings um den voll erhellten oder vielmehr leuchtenden Kern, der die Intelligenz ist. Von nun an wird die Reflexion dem Individuum erlauben zu erfinden und der Gesellschaft, Fortschritte zu machen. Doch damit die Gesellschaft Fortschritte macht, muß sie auch bestehen bleiben. Erfindung bedeutet Initiative, und ein Aufruf zu individueller Initiative läuft schon Gefahr, die soziale Disziplin aufs Spiel zu setzen. Was aber wird erst geschehen, wenn das Individuum seine Reflexion von dem Gegenstand, für den sie geschaffen ist, will sagen von der zu erfüllenden, zu perfektionierenden, zu erneuernden Aufgabe abwendet, um sie auf sich selbst zu richten, auf den Zwang, den das soziale Leben ihm auferlegt, auf das Opfer, das es der Gemeinschaft bringt? Dem Instinkt ausgeliefert, wie die Ameise oder die Biene, wäre es auf das zu erreichende äußere Ziel hin gespannt geblieben; es hätte für die Spezies gearbeitet, automatisch und schlafwandlerisch. Mit Intelligenz begabt, zur Reflexion erwacht, wird es sich sich selbst zuwenden und nur daran denken, angenehm zu leben. Zweifellos würde ihm ein logischer Schluß beweisen, daß es in seinem Interesse liegt, das Glück der anderen zu befördern; doch es brauchte Jahrhunderte der Kultur, um einen Utilitaristen wie Stuart Mill hervorzubringen, und Stuart Mill hat nicht alle Philosophen überzeugt und noch viel weniger die große Masse. Die Wahrheit ist, daß die Intelligenz zunächst zum Egoismus raten wird. Und in diese Richtung wird sich das intelligente Wesen stürzen, wenn nichts es aufhält. Doch die Natur wacht. Oben sahen wir, wie vor der offenen Schranke ein Wächter auftauchte, der den Eintritt untersagte und den Zuwiderhandelnden zurückstieß. Hier wird es ein Schutzgott der Polis sein, der verteidigt, droht und in die Schranken weist. Die Intelligenz richtet sich in der Tat nach den gegenwärtigen Wahrnehmungen oder jenen mehr oder weniger bildhaften Wahrnehmungsrückständen, die man die Erinnerungen nennt. Da der Instinkt nur mehr im Zustand der Spur oder

der Virtualität existiert, da er nicht stark genug ist, Handlungen hervorzurufen oder zu verhindern, wird er eine illusorische Wahrnehmung oder zumindest eine ausreichend präzise und eindrückliche Fälschung einer Erinnerung hervorrufen müssen, damit die Intelligenz sich von dieser bestimmen läßt. *Von diesem ersten Standpunkt aus betrachtet, ist die Religion eine Verteidigungsreaktion der Natur gegen die zersetzende Macht der Intelligenz.* *MR 125–127*

48. Differenzierung und Evolutionstheorie

Wenn wir so die verschiedenen gegenwärtigen Formen des Evolutionismus einer gemeinsamen Prüfung unterziehen und dabei zeigen, daß sie alle auf dieselbe unüberwindliche Schwierigkeit stoßen,[1] dann verfolgen wir damit keineswegs die Absicht, ihnen allen gleichermaßen ihr Recht abzusprechen. Im Gegenteil, jede von diesen, die sich alle auf eine beachtliche Anzahl von Fakten stützen, muß auf ihre Weise wahr sein. Jede von ihnen muß einem gewissen Blickwinkel auf den Evolutionsprozeß entsprechen. Und vielleicht muß eine Theorie sich ausschließlich auf einen speziellen Blickwinkel begrenzen, um wissenschaftlich zu bleiben, das heißt, den Detailuntersuchungen eine präzise Richtung zu geben. Die Wirklichkeit jedoch, von der jede dieser Theorien einen partiellen Anblick einfängt, muß über sie alle hinausreichen. Und diese Wirklichkeit ist der ureigene Gegenstand der Philosophie, die nicht zur Präzision der Wissenschaft gezwungen ist, da sie keinerlei praktische Anwendung anstrebt. Wir wollen daher in zwei Sätzen anzeigen, was jede der drei großen gegenwärtigen Formen des Evolutionismus uns an Positivem zur Lösung des Problems beizutragen scheint, was jede von ihnen beiseite läßt

[1] Die »Prüfung« besteht im Nachweis der Existenz identischer Apparate, die mit ungleichen Mitteln auf divergierenden Evolutionslinien erreicht wurden (wie beispielsweise das Auge). Vgl. Text 49.

und auf welchen gemeinsamen Zielpunkt man dieses dreifache Streben, unserer Ansicht nach, ausrichten müßte, um eine umfassendere, wenngleich eben dadurch auch vagere Vorstellung des Evolutionsprozesses zu erhalten.

Die Neodarwinisten, so glauben wir, haben vermutlich recht, wenn sie lehren, daß die wesentlichen Ursachen der Variation inhärente Differenzen des Keimes sind, den das Individuum in sich trägt, und nicht die Wege, die dieses Individuum im Laufe seines Werdeganges beschreitet. Wo es uns schwerfällt, der Ansicht dieser Biologen zu folgen, ist, wenn sie die dem Keim inhärenten Differenzen für rein zufällig und individuell halten. Wir können uns nicht hindern, weiterhin zu glauben, daß sie die Entfaltung eines Impulses sind, der durch die Individuen hindurch von Keim zu Keim übergeht, daß sie folglich nicht pure Zufälle darstellen und daß sie so sehr gut zur selben Zeit, in derselben Form bei allen Vertretern einer Art, oder zumindest bei einer gewissen Anzahl von ihnen, auftreten könnten. Im übrigen modifiziert schon die Theorie der *Mutationen* den Darwinismus in diesem Punkt zutiefst. Sie besagt, daß – nachdem eine lange Zeit verstrichen ist – in einem bestimmten Moment die gesamte Art von einer Tendenz zum Wandel ergriffen wird. Das bedeutet also, daß die *Tendenz zum Wandel* nicht zufällig ist. Zufällig freilich wäre der Wandel selbst, wenn sich die Mutation, so wie de Vries[1] es will, bei verschiedenen Vertretern der Art in verschiedenen Richtungen vollziehen würde. Doch bliebe erst noch zu sehen, ob sich diese Theorie auch an vielen anderen Pflanzenarten bestätigen läßt (de Vries hat sie nur an der *Rotkelchigen Nachtkerze* (*Oenothera Lamarckiana*) verifiziert*), und zudem ist es, wie wir

* Auf einige analoge Vorgänge, stets im Reich der Pflanzen, wurde allerdings bereits hingewiesen. Siehe Blaringhem, La notion d'espèces et la théorie de la mutation (*Année psychologique*, Bd. XII, 1906, S. 95 ff.) und de Vries, *Species and Varieties*, S. 655.

[1] Holländischer Botaniker, der um 1900 die Idee der sprunghaften Variation oder auch: »Mutation« in die Biologie einführte.

später darlegen werden, nicht unmöglich, daß der Zufall bei der Variation der Pflanzen eine deutlich größere Rolle spielt als bei den Tieren, da in der Pflanzenwelt die Funktion nicht ganz so eng von der Form abhängt. Wie dem auch sei, die Neodarwinisten schicken sich an zuzugeben, daß die Perioden der Mutation festgelegt sind. Die Richtung der Mutation könnte es also ebenso sein, zumindest bei den Tieren und in dem Maße, das wir noch aufzuzeigen haben.

Man käme so zu einer Hypothese wie der Eimerschen, gemäß der die Variationen verschiedener Eigenschaften sich von Generation zu Generation in bestimmten Richtungen fortführten. Diese Hypothese erscheint uns, innerhalb der Grenzen, die Eimer selbst ihr setzt, plausibel. Gewiß, die Evolution der organischen Welt wird nicht in ihrer Gesamtheit vorherbestimmt sein. Wir behaupten im Gegenteil, daß die Spontaneität des Lebens sich dort in einer kontinuierlichen Schöpfung je anderer, aufeinanderfolgender Formen ausdrückt. Doch diese Unbestimmtheit kann keine vollkommene sein: Sie muß der Bestimmtheit eine gewisse Rolle zugestehen. Ein Organ wie das Auge zum Beispiel würde sich demnach eben gerade durch eine kontinuierliche Variation in einer bestimmten Richtung herausgebildet haben. Und wir wüßten auch gar nicht, wie man sonst die Ähnlichkeit der Struktur des Auges bei Arten, die in keiner Weise dieselbe Geschichte haben, erklären könnte. Von Eimer trennen sich unsere Wege erst dort, wo er behauptet, daß Kombinationen physikalischer und chemischer Ursachen ausreichen, um das Ergebnis zu gewährleisten. Denn im Gegensatz dazu haben wir, gerade am Beispiel des Auges, zu zeigen versucht, daß, wenn hier eine »Orthogenese« vorliegt, eine psychologische Ursache daran beteiligt sein muß.[1]

[1] Eimer hatte das Wort »Orthogenese« vorgeschlagen, um eine Evolution zu bezeichnen, die sich in einer bestimmten Richtung vollzieht (1888).

Und eben auf eine Ursache psychologischer Ordnung berufen sich nun gewisse Neolamarckisten. Dort liegt, unserer Ansicht nach, einer der stichhaltigsten Punkte des Neolamarckismus. Wenn jedoch diese Ursache allein im bewußten Streben des Individuums besteht, so kann sie nur in einer ziemlich begrenzten Anzahl von Fällen wirken; sie könnte dann höchstens bei den Tieren ins Spiel kommen, im Reich der Pflanzen jedoch nicht. Und auch beim Tier selbst würde sie nur an den Punkten wirken, die direkt oder indirekt dem Einfluß des Willens unterworfen sind. Ja selbst dort, wo sie wirkt, ist nicht erkennbar, wie sie eine so tiefgreifende Veränderung wie die Steigerung der Komplexität zuwege bringen sollte – allerhöchstens wäre dies noch vorstellbar, wenn die erworbenen Eigenschaften sich regelmäßig vererbten, so daß sie sich miteinander summieren würden; doch diese Vererbung scheint eher die Ausnahme als die Regel zu sein. Eine erbliche und in einer bestimmten Richtung verlaufende Veränderung, die sich fortlaufend summiert und mit sich selbst so kombiniert, daß sie eine immer komplexere Maschinerie erzeugt, muß sicher auf irgendeine Art von Streben zurückgeführt werden, jedoch auf ein weitaus tieferes Streben als das individuelle, auf ein Streben, das weitaus unabhängiger von den Umständen ist, der Mehrzahl der Vertreter einer Gattung gemein, dabei eher den Keimen, die sie in sich tragen, als ihrer bloßen Substanz inhärent und so der Vererbung an die Nachkommen gewiß.

So kommen wir nach einem langen Umweg zu dem Gedanken zurück, von dem wir ausgegangen sind, dem eines *ursprünglichen Schwunges* des Lebens, der von einer Keimgeneration zur nächsten weitergegeben wird durch die Mittlerschaft der ausgebildeten Organismen, die das Bindeglied zwischen den Keimen stiften. Dieser Schwung, der sich auf den Evolutionslinien, zwischen denen er sich aufgeteilt hat, weiter erhält, ist die tiefe Ursache der Variationen, zumindest derer, die sich regelmäßig vererben, sich summieren und neue Arten entstehen lassen. Arten, die von einem gemeinsamen Stamm ausgehend zu divergieren begonnen haben, bilden im allgemeinen ihre Divergenz um so deutlicher aus, je weiter sie in ihrer Evolution fortschreiten. Dennoch können und müssen sie sich in bestimmten Punkten identisch entwickeln, wenn man die Hypothese eines gemeinsamen Schwunges annimmt. Dies ist es, was uns an jenem selben, von uns erwählten Beispiel der Bildung des Auges bei Weich- und Wirbeltieren noch genauer zu zeigen bleibt.[1] Im übrigen wird dabei auch die Idee eines »ursprünglichen Schwunges« klarer werden können. *EC 85–89*

49. Differenzierung und ähnliche Resultate

Das Leben, so sagten wir, ist von seinen Ursprüngen an die Fortsetzung eines einzigen und selben Schwunges, der sich in divergierende Evolutionslinien aufgeteilt hat. Etwas ist gewachsen, etwas hat sich durch eine Reihe von Ergänzungen entwickelt, die ebenso viele Schöpfungen waren. Und diese Entwicklung selbst ist es, die all jene Tendenzen, die nicht über einen gewissen Punkt hinauswachsen konnten, ohne miteinander inkompatibel zu werden, dazu gebracht hat, sich voneinander zu trennen. Strenggenommen würde uns nichts daran hindern, uns ein einziges Individuum vorzustellen, an dem sich durch eine über Millionen von Jahren sich erstreckende Abfolge von Transformationen die Evolution des Lebens vollzogen hätte. Oder man könnte auch in Ermangelung solch eines einzigen Individuums eine Vielzahl von Individuen annehmen, die sich in unilinearer Deszendenz nachfolgten. In beiden Fällen hätte – wenn man sich so ausdrücken darf – die Evolution nur eine einzige Dimension gehabt. In Wirklichkeit aber hat sich die Evolution durch die Mittlerschaft von Millionen von Individuen auf divergierenden Linien vollzogen, von denen jede wieder selbst in eine Kreuzung mündete, von der

[1] Vgl. Texte 50 und 52.

wiederum strahlenförmig neue Wege ausgingen und immer so fort. Wenn nun unsere Hypothese begründet ist und die Wesensursachen, die diese mannigfachen Wege durchwalten, psychologischer Natur sind, dann müssen sie, ungeachtet der Divergenz ihrer Wirkungen, irgend etwas Gemeinsames bewahren; so wie schon vor langer Zeit getrennte Kameraden die gleichen Kindheitserinnerungen weiter in sich tragen. Es mögen sich noch so viele Gabelungen gebildet haben, noch so viele Seitenwege sich eröffnet haben, auf denen sich die abgespaltenen Elemente unabhängig entfalteten, es ist doch um nichts weniger der ursprüngliche Schwung des Ganzen, kraft dessen sich die Bewegung der Teile fortsetzt. Etwas vom Ganzen muß also in den Teilen weiterleben. Und dieses gemeinsame Element kann vielleicht durch das Auftreten identischer Organe in sehr verschiedenen Organismen in gewisser Weise sichtbar werden. Nehmen wir für einen Augenblick an, der Mechanismus sei die Wahrheit: Die Evolution bestünde dann aus einer Reihe von Zufällen, von denen einer zum anderen kommt, wobei sich jeder neue Zufall dann durch Selektion erhält, wenn er vorteilhaft ist für jene Summe vorangegangener vorteilhafter Zufälle, die die aktuelle Form des Lebewesens darstellt. Was für eine Chance bestünde dann wohl, daß durch zwei gänzlich verschiedene Reihen von sich summierenden Zufällen zwei gänzlich verschiedene Evolutionen zu ähnlichen Resultaten führten? Je weiter zwei Evolutionsreihen divergieren, um so geringer ist die Wahrscheinlichkeit, daß zufällige äußere Einflüsse oder zufällige innere Variationen in ihnen die Konstruktion identischer Apparate bewirken würden; insbesondere dann, wenn zum Zeitpunkt der Gabelung noch keine Spur dieser Apparate existierte. Im Gegensatz dazu wäre diese Ähnlichkeit in einer Hypothese wie der unseren ganz natürlich: Bis in die letzten Rinnsale hinein müßte sich noch etwas von dem an der Quelle empfangenen Impuls wiederfinden lassen. *Der reine Mechanismus wäre also widerlegbar und die Finalität in dem besonderen Sinne, in dem wir sie verstehen, in gewisser Hinsicht beweisbar, wenn sich nachweisen ließe, das das Leben mit verschiedenen Mitteln und auf divergierenden Evolutionslinien gewisse identische Apparate erzeugt. Die Kraft dieses Beweises wäre dabei übrigens dem Grad der Abweichung zwischen den gewählten Evolutionslinien und dem Grad der Komplexität der ähnlichen Strukturen, die sich dort finden, proportional.* EC 53–55

50. Beispiel: Das Sehen

Je kräftiger die Hand voranstrebt, um so weiter dringt sie im Innern des Feilstaubs vor. Doch ganz gleich, an welchem Punkt sie innehält, augenblicklich und automatisch bringen sich die Späne ins Gleichgewicht und koordinieren sich untereinander. Ebenso beim Sehen und seinem Organ. Je nachdem, wie weit jener unteilbare Akt, in dem das Sehen besteht, fortgeschritten ist, setzt sich die Materialität des Organs aus einer mehr oder weniger großen Anzahl von untereinander koordinierten Elementen zusammen, die Ordnung selbst aber ist notwendig immer vollständig und vollkommen. Sie könnte niemals partiell sein, da – um es noch einmal zu wiederholen – der reale Prozeß, der sie ins Leben ruft, keine Teile hat. Das ist es, was weder Mechanismus noch Finalismus berücksichtigen und was auch wir nicht beachten, wenn uns die wunderbare Struktur eines Instruments wie des Auges in Erstaunen versetzt. An der Wurzel unseres Erstaunens steht immer die Idee, daß diese Ordnung auch *nur zum Teil hätte* verwirklicht werden *können* und daß ihre vollständige Verwirklichung eine Art Gnade ist. Und diese Gnade lassen die Finalisten sich gleich auf einmal durch die Zielursache zuteil werden; die Mechanisten geben vor, sie nach und nach durch den Effekt der natürlichen Auslese zu erlangen; doch die einen wie die anderen sehen in dieser Ordnung etwas Positives und in ihrer Ursache folglich etwas Aufteilbares, was alle möglichen Grade der Vollendung mit sich bringt. In Wirklichkeit kann die Ursache zwar mehr oder weniger intensiv sein, ihre Wirkung jedoch kann sie stets nur als Ganze und in vollendeter Weise hervorbringen. Je nachdem, ob sie in Richtung auf das Sehen mehr oder weniger weit fortgeschritten ist, wird sie entweder die einfachen Pigmentansammlungen eines niederen Organismus hervorrufen oder das rudimentäre Auge der Kalkröhrenwürmer (Serpuliden) oder das schon differenziertere Auge der Alciopiden oder auch das wunderbar perfektionierte Auge eines Vogels – doch all diese Organe, von sehr ungleicher Komplexität, zeigen notwendig ein gleiches Maß an Koordination. Darum können zwei Tierarten noch so weit voneinander entfernt sein: Wenn hier wie dort der Vormarsch zum Sehen gleich weit fortgeschritten ist, so wird es auf beiden Seiten dasselbe Organ geben, da die Form des Organs lediglich zum Ausdruck bringt, in welchem Maße die Ausübung der Funktion erreicht wurde. Doch kehren wir, wenn wir von einem Vormarsch zum Sehen sprechen, nicht zur althergebrachten Konzeption der Finalität zurück? Das wäre ganz zweifellos so, wenn dieser Vormarsch die bewußte oder unbewußte Vorstellung eines zu erreichenden Zieles erfordern würde. Die Wahrheit aber ist, daß er sich kraft des ursprünglichen Schwunges des Lebens fortsetzt, daß er in dieser Bewegung selbst impliziert ist und man ihn gerade deshalb auf unabhängigen Evolutionslinien wiederfindet. Fragte man uns nun, warum und wie er darin impliziert sei, so würden wir antworten, daß das Leben in erster Linie eine Tendenz ist, auf die rohe Materie einzuwirken. Die Richtung dieses Einwirkens ist zweifellos nicht vorherbestimmt: Daher rührt der unvorhersehbare Reichtum an Formen, die das Leben in seiner Evolution auf seinem Wege sät. In einem mehr oder weniger hohen Grade jedoch weist dieses Einwirken immer den Charakter der Kontingenz auf und impliziert so zumindest den Ansatz einer Wahl. Eine Wahl nun aber setzt die antizipierte Vorstellung mehrerer möglicher Handlungsweisen voraus. Folglich müssen sich die Wirkmöglichkeiten für das Lebewesen vor dessen Handeln selbst abzeichnen. Nichts anderes ist die visuelle Wahrnehmung:[*] Die sichtbaren Konturen der Körper sind die Skizze unseres möglichen Einwirkens auf sie. Daher tritt das Sehen, in verschiedenen Graden, bei den unterschiedlichsten Tieren auf und zeigt sich überall dort in derselben Komplexität der Struktur, wo es denselben Grad an Intensität erreicht hat. *EC 96–98*

51. Differenzierung in der Geschichte

Wir glauben nicht an Schicksalhaftigkeit in der Geschichte. Es gibt kein Hindernis, das ausreichend gespannte Willenskräfte nicht zu durchbrechen vermöchten, wenn sie sich rechtzeitig daranmachen. Es gibt also kein unausweichliches historisches Gesetz. Es gibt aber biologische Gesetze; und die menschlichen Gesellschaften, insofern sie von einer gewissen Seite naturgewollt sind, unterstehen in diesem speziellen Punkt der Biologie. Wenn die Evolution der organisch-strukturierten Welt sich gemäß gewisser Gesetze vollzieht, will sagen aufgrund gewisser Kräfte, dann ist es unmöglich, daß die psychologische Evolution des individuellen und sozialen Menschen diesen Gewohnheiten des Lebens gänzlich entsagt. Nun haben wir aber einst gezeigt, daß es das Wesen einer vitalen Tendenz ist, sich in Form einer Garbe zu entwickeln, welche schon durch ihr bloßes Wachstum divergierende Richtungen erschafft, unter denen ihr Schwung sich aufteilt. [...] Allein, in der allgemeinen Evolution des Lebens entwickeln sich die so auf dem Wege der Dichotomie erschaffenen Tendenzen zumeist in verschiedenen Spezies weiter; jede in ihrer Richtung ziehen sie aus, ihr Glück in der Welt zu suchen; die Materialität, die sie sich verliehen haben, hindert sie daran, sich wieder zusammenzuschweißen, um die ursprüngliche Tendenz stärker, komplexer und höher entwickelt zurückzubringen. In der Evolution des psychologischen und sozialen Lebens verhält es

[*] Siehe dazu *Matière et mémoire*, 1. Kapitel.

sich nicht so. Hier entwickeln sich die durch Aufspaltung entstandenen Tendenzen im selben Individuum oder in derselben Gesellschaft weiter. Und sie können sich in der Regel nur nacheinander weiterentwickeln. Sind sie zu zweit, so wie es sich zumeist verhält, dann ist es eine von beiden, der man sich zuerst verschreibt; mit dieser wird man mehr oder weniger weit voranschreiten, im allgemeinen so weit wie möglich; dann wird man mit dem, was man im Laufe dieser Evolution gewonnen hat, zurückkehren, um jene aufzugreifen, die man zurückgelassen hatte. Man wird sie ihrerseits entwickeln, nun die erste vernachlässigend, und dieses neue Streben wird sich solange fortsetzen, bis man durch neue Errungenschaften gestärkt, die erste wieder aufgreifen und noch weiter vorantreiben kann. Da man während dieses Vorgehens ganz bei einer der beiden Tendenzen ist, und nur diese zählt, wird man gerne sagen, sie allein sei positiv und die andere nur ihre Negation: Wenn es einem gefällt, die Dinge in diese Form zu bringen, dann ist die andere in der Tat ihr Gegenteil. Man wird dann sagen – und dies wird je nach Fall mehr oder weniger wahr sein –, daß sich der Fortschritt durch ein Hin-und-Her-Pendeln zwischen den beiden Gegenteilen vollzogen hat, wobei im übrigen, wenn das Pendel zu seinem Ausgangspunkt zurückkehrt, die Situation nicht mehr dieselbe ist und ein Zugewinn erzielt wurde. Es kommt aber dennoch vor, daß diese Formulierung vollständig zutreffend ist und daß es sich sehr wohl um ein Pendeln zwischen Gegenteilen handelt. Dies geschieht, wenn eine in sich selbst vorteilhafte Tendenz unfähig ist, sich anders als durch die Wirkung einer entgegengesetzten Tendenz zu zügeln, die sich so als ebenso vorteilhaft herausstellt. Es scheint, daß die Weisheit dann zu einer Kooperation beider Tendenzen raten würde, bei der die erste zum Einsatz kommt, wenn die Umstände es erfordern, und die andere sie in dem Moment zurückhält, wo sie über das Maß hinausgeht. Unglücklicherweise ist schwer zu sagen, wo Übertreibung und Gefahr beginnen. Manchmal führt allein die Tatsache, daß man etwas weiter vorantreibt, als es vernünftig erschien, zu einer neuen Umgebung, erschafft eine neue Situation, die zugleich die Gefahr bannt und den Vorteil verstärkt. So verhält es sich besonders bei sehr allgemeinen Tendenzen, die die Ausrichtung einer Gesellschaft bestimmen und deren Entwicklung sich notwendig auf eine mehr oder weniger beachtliche Anzahl von Generationen verteilt. Eine selbst übermenschliche Intelligenz vermöchte nicht zu sagen, wohin man geführt würde, da die im Verlauf befindliche Handlung sich ihren eigenen Weg sowie zu einem Großteil auch die Bedingungen schafft, unter denen sie sich vollziehen wird, und so der Berechnung trotzt. Man wird also immer weiter vorandrängen; man wird sehr oft erst innehalten, wenn eine Katastrophe unmittelbar bevorsteht. Die gegensätzliche Tendenz nimmt dann den leergebliebenen Platz ein und wird nun ihrerseits allein so weit voranschreiten, wie es ihr möglich ist. Sie wird Reaktion sein, wenn man die andere Aktion genannt hat. Da die beiden Tendenzen, wenn sie sich gemeinsam auf den Weg gemacht hätten, sich gegenseitig gemäßigt hätten, da ihre wechselseitige Durchdringung in einer ursprünglichen ungeteilten Tendenz gerade das ist, wodurch sich die Mäßigung definieren muß, verleiht die bloße Tatsache, daß eine von beiden den gesamten Raum einnimmt, dieser einen Schwung, der sich mit zunehmendem Fallen der Hindernisse so steigern kann, daß es ist, als ob ihr die Pferde durchgingen; sie hat etwas Rasendes. Wir wollen das Wort »Gesetz« in einem Bereich, der jener der Freiheit ist, nicht überbeanspruchen, doch wollen wir diesen bequemen Terminus dort gebrauchen, wo wir uns großen Begebenheiten gegenübersehen, die eine ausreichende Regelmäßigkeit aufweisen: So nennen wir *Gesetz der Dichotomie* jenes, welches durch bloße Aufspaltung die Realisierung von Tendenzen hervorzurufen scheint, die zuvor nur verschiedene von einer einfachen Tendenz aufgenommene Anblicke waren. Und wir schlagen weiter vor, jene Forderung, bis zum Ende verfolgt zu werden – als ob es ein Ende gäbe! –, die einer jeden der beiden einmal durch ihre Trennung realisierten Tendenzen immanent ist, das *Gesetz der doppelten Raserei* zu nennen. Noch einmal, es fällt schwer, sich nicht zu fragen, ob die einfache Tendenz nicht besser daran getan hätte, zu wachsen, ohne sich zu halbieren, eben dadurch im rechten Maß gehalten, daß so die Antriebskraft mit einem Vermögen haltzumachen zusammenfällt, welches dann nur virtuell eine abweichende Antriebskraft wäre. Man hätte dann nicht riskiert, ins Absurde zu verfallen, man hätte sich gegen die Katastrophe abgesichert. Gewiß, doch hätte man nicht das Schöpfungsmaximum in Quantität wie Qualität erreicht. Man muß sich einer der Richtungen zutiefst verschreiben, um zu wissen, was sie bringen wird: Wenn man nicht mehr weiter vorwärts kann, wird man mit allem Erreichten zurückkehren, um sich in die vernachlässigte oder aufgegebene Richtung zu stürzen. Zweifellos, wenn man dieses Hin und Her von außen betrachtet, sieht man nur den Widerstreit der zwei Tendenzen, die eitlen Versuche der einen, den Fortschritt der anderen zu behindern, das schließliche Scheitern dieser und die Revanche der ersten: Die Menschheit liebt das Drama; gerne pflückt sie aus dem Gesamt einer mehr oder weniger langen Geschichte die Züge heraus, die dieser die Form eines Kampfes zwischen zwei Parteien oder zwei Gesellschaften oder zwei Prinzipien aufprägen, bei dem jede von diesen abwechselnd den Sieg davongetragen hätte. Doch der Kampf ist hier nur der oberflächliche Aspekt eines Fortschritts. Die Wahrheit ist, daß eine Tendenz, die zwei verschiedene Anblicke bietet, ihr Maximum in Quantität und Qualität nur leisten kann, wenn sie diese beiden Möglichkeiten zu bewegten Wirklichkeiten verkörpert, von denen je eine nach vorne prescht und den Platz besetzt, während die andere sie ohne Unterlaß belauert, um zu sehen, ob ihre Stunde gekommen sei. Auf diese Weise wird sich der Inhalt der ursprünglichen Tendenz entwickeln, wenn man überhaupt von Inhalt sprechen kann, wo doch niemand, nicht einmal die zu Bewußtsein gelangte Tendenz selbst, zu sagen wüßte, was aus ihr hervorgehen wird. Sie liefert die Anstrengung, und das Ergebnis ist eine Überraschung. Dieser

Art ist das Vorgehen der Natur: Die Kämpfe, deren Schauspiel sie uns bietet, bestehen weniger aus feindschaftlich-kriegerischen als aus durch Neugierde motivierten Handlungen. Und genau dann, wenn sie die Natur nachahmt, wenn sie sich dem ursprünglich empfangenen Impuls hingibt, nimmt das Voranschreiten der Menschheit eine gewisse Regelmäßigkeit an und unterwirft sich, im übrigen sehr unvollständig, Gesetzen wie jenen, die wir genannt haben. Doch der Moment ist gekommen, diese allzulange Klammer zu schließen. Wir wollen nur noch zeigen, wie sich unsere zwei Gesetze auf den Fall anwenden ließen, der uns dazu veranlaßte, sie zu öffnen.

Es ging um die Sorge um Bequemlichkeit und Luxus, die scheinbar zur Hauptsorge der Menschheit geworden ist. Sieht man, wie weit sie die Entwicklung des Erfindungsgeistes vorangetrieben hat, wie viele Erfindungen Anwendungen unserer Wissenschaft sind und wie die Wissenschaft zu endlosem Anwachsen bestimmt ist, wäre man versucht zu glauben, daß es einen unbegrenzten Fortschritt in derselben Richtung geben wird. Niemals veranlassen nämlich jene Befriedigungen, die alten Bedürfnissen durch neue Erfindungen zuteil werden, die Menschheit, dabei stehenzubleiben; neue Bedürfnisse tauchen auf, ebenso dringlich und immer zahlreicher. Man hat die Jagd nach dem Wohlstandsleben sich mehr und mehr beschleunigen sehen, auf einer Piste, auf der immer kompaktere Menschenmengen dahinstürzten. Heute gibt es kein Halten mehr. Doch müßte uns nicht eben diese Raserei die Augen öffnen? Müßte es nicht irgendeine andere Raserei geben, deren Nachfolge diese angetreten hat und die in der entgegengesetzten Richtung eine Aktivität entwickelt hätte, zu der diese komplementär wäre? Faktisch scheinen die Menschen erst vom 15. oder 16. Jahrhundert an nach einer Erweiterung des materiellen Lebens zu streben. Während des gesamten Mittelalters war ein Ideal der Askese vorherrschend. Unnötig, die Übertreibungen in Erinnerung zu rufen, zu denen es geführt hatte; schon dort gab es Raserei. Man wird sagen, daß diese Askese Sache einer kleinen

Zahl war, und man hat recht damit. Doch ebenso wie die Mystik, das Privileg einiger weniger, durch die Religion vulgarisiert wurde, ebenso verdünnte sich die konzentrierte Askese, die zweifellos die Ausnahme war, für die breite Masse zu einer allgemeinen Gleichgültigkeit gegenüber den Bedingungen des alltäglichen Daseins. Es herrschte für alle ein Mangel an Komfort, der uns erstaunt. Reich und Arm verzichteten auf Überflüssigkeiten, die wir für Notwendigkeiten halten. Man hat darauf hingewiesen, daß, wenn der Herr besser lebte als der Bauer, man darunter insbesondere verstehen müsse, daß er reichhaltiger ernährt war.* Was das Übrige angeht, war der Unterschied gering. Wir sehen uns hier also sehr wohl zwei divergierenden Tendenzen gegenüber, die aufeinander folgten und die in ihrem Verhalten eine wie die andere der Raserei frönten. Man darf vermuten, daß sie zwei gegensätzlichen, von einer zugrundeliegenden Tendenz aufgenommenen Anblicken entsprechen, die damit das Mittel gefunden hätte, in Quantität und Qualität alles aus sich zu ziehen, was sie vermochte, und sogar mehr noch, als sie besaß, indem sie abwechselnd die beiden Wege einschlug und sich anschließend in die eine der beiden Richtung zurückversetzte, mit all dem, was sie auf dem Wege der anderen mitgenommen hatte. Es gäbe hier also Pendeln und Fortschritt, Fortschritt durch Pendeln. Und man müßte nach der unablässig wachsenden Komplexität des Lebens eine Rückkehr zur Einfachheit voraussehen. Diese Rückkehr ist aber offensichtlich nicht gewiß – die Zukunft der Menschheit bleibt unbestimmt, weil sie von dieser selbst abhängt. Doch wenn es auch auf der Seite der Zukunft nur Möglichkeiten und Wahrscheinlichkeiten gibt, die wir in Kürze untersuchen werden, so gilt selbiges nicht für die Vergangenheit: Die zwei gegensätzlichen Entwicklungen, auf die wir soeben hingewiesen haben, sind sehr wohl die einer einzigen ursprünglichen Tendenz. *MR 312–313, 314–319*

* Siehe dazu das interessante Werk von Gina Lombroso, *La Rançon du machinisme*, Paris 1930.

B) Leben und Materie

52. Jenseits des Mechanismus

Kann aber eine organische Struktur mit einem Abdruck verglichen werden? Wir haben schon auf die Doppeldeutigkeit des Begriffs »Anpassung« hingewiesen. Die graduell zunehmende Komplexität einer Form, die sich immer besser in die Hohlform der äußeren Bedingungen einpaßt, ist das eine, etwas anderes aber ist die immer komplexer werdende Struktur eines Instruments, welches einen immer größeren Nutzen aus diesen Bedingungen zieht. Im ersten Fall beschränkt sich die Materie darauf, einen Abdruck zu empfangen, im zweiten reagiert sie aktiv, löst sie ein Problem. Von diesen beiden Bedeutungen des Worts ist es offensichtlich die zweite, die man anwendet, wenn man sagt, das Auge habe sich immer besser dem Einfluß des Lichts angepaßt. Jedoch geht man dann, mehr oder minder unbewußt, von der zweiten zur ersten Bedeutung über, und eine rein mechanistische Biologie wird sich bemühen, die passive Anpassung einer leblosen Materie, die dem Einfluß der Umgebung unterliegt, mit der aktiven Anpassung eines Organismus, der aus diesem Einfluß einen ihm gemäßen Nutzen zieht, zur Deckung zu bringen. Wir erkennen übrigens an, daß die Natur selbst unseren Geist scheinbar dazu einlädt, diese beiden Arten von Anpassung zu verwechseln, da sie dort, wo später ein Mechanismus konstruiert werden soll, der aktiv reagieren wird, in der Regel mit einer passiven Anpassung beginnt. So ist es in unserem Fall unbestreitbar, daß der erste Ansatz des Auges in dem Pigmentfleck niederer Organismen liegt: Dieser Fleck könnte nun sehr gut gerade durch die Wirkung des Lichts selbst physikalisch erzeugt worden sein, und es lassen sich jede Menge Zwischenstufen zwischen dem einfachen Pigmentfleck und einem komplexen Auge wie dem der Wirbeltiere beobachten. – Daraus jedoch, daß man gradweise von einer Sache zu einer anderen übergeht, folgt nicht, daß die beiden Sachen gleichen Wesens sind. Daraus, daß ein Redner sich die Leidenschaften seiner Zuhörer erst zu eigen macht, um dann ihrer Herr zu werden, wird man nicht schließen, daß *folgen* dasselbe wie *führen* sei. Nun scheint aber die lebende Materie ihren Nutzen aus den Umständen nur dadurch ziehen zu können, daß sie sich zuerst passiv anpaßt: Dort, wo sie eine Bewegung führen soll, beginnt sie damit, sich diese zu eigen zu machen. Das Leben schleicht sich ein. Doch wenn man uns auch noch so schön alle Zwischenstufen zwischen einem Pigmentfleck und einem Auge aufzeigen mag, so wird zwischen den beiden um nichts weniger derselbe Abstand bestehen bleiben wie zwischen einer photographischen Platte und einem photographischen Apparat. Die photographische Platte hat zweifellos nach und nach die Richtung auf einen photographischen Apparat eingeschlagen. Ist es aber das Licht allein – eine physikalische Kraft –, das diese Richtungnahme hätte hervorrufen und einen von ihm hinterlassenen Eindruck zu einer Maschine umwandeln können, die in der Lage ist, diesen zu nutzen?

Man wird dagegen vorbringen, daß wir hier zu Unrecht Nützlichkeitserwägungen ins Feld führen, daß das Auge nicht zum Sehen gemacht ist, sondern wir sehen, weil wir Augen haben; daß das Organ ist, was es ist, und die »Nützlichkeit« ein Wort, mit dem wir die funktionellen Effekte der Struktur bezeichnen. Doch wenn ich sage, daß das Auge aus dem Licht »einen Nutzen zieht«, dann verstehe ich darunter nicht nur, daß das Auge des Sehens fähig ist, sondern spiele auch auf die sehr deutlichen Zusammenhänge an, die zwischen diesem Organ und dem Fortbewegungsapparat bestehen. Die Netzhaut der Wirbeltiere setzt sich in einem optischen Nerv fort, der seinerseits durch Gehirnzentren weitergeführt wird, die mit motorischen Mechanismen verknüpft sind. Unser Auge zieht einen Nutzen aus dem Licht, indem es uns ermöglicht, durch reaktive Bewegungen die Objekte, die wir als günstig erblicken, zu gebrauchen und jene, die uns abträglich aussehen, zu meiden. Nun könnte man mir freilich mühelos nachweisen, daß, wenn das Licht auf physikalischem Wege einen Pigmentfleck erzeugt hat, es sodann auch physikalisch die Bewegungen gewisser Organismen bestimmen kann: so reagieren zum Beispiel die Wimpertierchen auf Licht. Dennoch wird niemand behaupten, daß der Einfluß des Lichts die Bildung eines Nerven-, Muskel- und Knochensystems – alles Dinge, die sich bei den Wirbeltieren an den visuellen Apparat anschließen – auf physikalischem Wege verursacht hätte. Tatsächlich werden schon, wenn man von der graduellen Bildung des Auges spricht, und erst recht, wenn man das Auge mit dem zusammen nimmt, was ihm untrennbar verbunden ist, ganz andere Dinge ins Feld geführt als das direkte Wirken des Lichts. Stillschweigend schreibt man der organisch-strukturierten Materie eine gewisse Fähigkeit *sui generis* zu, die mysteriöse Kraft, hochkomplizierte Maschinen zu bauen, um einen Nutzen aus dem einfachen Reiz zu ziehen, dessen Einfluß sie unterliegt. *EC 70–73*

53. Jenseits des Finalismus

So sieht die Philosophie des Lebens aus, auf die wir uns zubewegen. Sie beabsichtigt, Mechanismus und Finalismus gleichermaßen hinter sich zu lassen, doch wie wir schon zu Beginn angekündigt haben, nähert sie sich stärker der zweiten Lehre an als der ersten. Es wird nicht ohne Nutzen sein, auf diesen Punkt noch näher einzugehen und noch präziser zum Ausdruck zu bringen, worin sie dem Finalismus ähnelt und worin sie sich von ihm unterscheidet.

Ebenso wie der radikale Finalismus, wenn auch in einer unbestimmteren Form, stellt sie die Welt des organisch-strukturierten Lebens als ein harmonisches Ganzes vor. Doch diese Harmonie ist von der Vollkommenheit, die man ihr zugesprochen hat, weit entfernt. Sie erlaubt mancherlei Dissonanzen, da jede Art, ja sogar jedes Individuum von dem globalen Impuls des Lebens nur einen gewissen Schwung zurückbehält und danach trachtet, diese Energie für seine eigenen Interessen zu nutzen; darin besteht die *Anpassung*. Art und Individuum denken somit nur je an sich selbst – daher die Möglichkeit eines Konflikts mit anderen Lebensformen. Die Harmonie existiert also nicht de facto, sondern eher de jure: damit meine ich, daß der ursprüngliche Schwung ein gemeinsamer ist, und je weiter man zurückgeht, desto mehr erscheinen die verschiedenen Tendenzen als einander komplementär. So wie der Wind, der über eine Kreuzung fegt, sich in divergierende Luftströme aufteilt, die doch alle nur derselbe und einzige Windhauch sind. Die Harmonie, oder vielmehr die »Komplementarität«, offenbart sich nur im Großen und eher in den Tendenzen als in den Zuständen. Vor allem aber (und das ist der Punkt, in dem der Finalismus sich am schwersten getäuscht hat) liegt die Harmonie eher hinter uns als vor uns. Sie hat ihren Grund in einer Identität des Anstoßes und nicht in einem gemeinsamen Streben. Es ist vergeblich, dem Leben ein Ziel im menschlichen Sinne des Wortes zuschreiben zu wollen. Von einem Ziel zu reden bedeutet an ein schon existierendes Muster zu denken, das sich nur noch verwirklichen muß. Das heißt im Grunde vorauszusetzen, daß alles gegeben ist, daß die Zukunft sich an der Gegenwart ablesen ließe. Es heißt zu glauben, daß das Leben in seiner Bewegung und seiner Gesamtheit genauso abliefe, wie unsere Intelligenz vorgeht, die nur ein unbewegter und fragmentarischer Anblick desselben ist und die sich naturgemäß immer außerhalb der Zeit situiert. Das Leben seinerseits dagegen schreitet voran und dauert. Zweifellos wird man beim Blick auf den einmal zurückgelegten Weg immer dessen Richtung angeben, diese in psychologischen Termini formulieren und reden können, als ob hier ein Ziel verfolgt worden sei. Auch wir werden uns so ausdrücken. Über den Weg jedoch, der erst noch zu durchlaufen war, kann der menschliche Geist nichts sagen, da der Weg erst nach und nach von dem ihn durchlaufenden Akt erschaffen wurde und nur die Richtung dieses Aktes selbst ist. Die Evolution muß also in jedem Moment eine psychologische Deutung zulassen, die unserer Meinung nach auch ihre beste Erklärung ist, doch einen Wert, ja selbst erst einen Sinn hat diese Erklärung nur als rückwirkende. Niemals darf man die finalistische Deutung, so wie wir sie vorschlagen, für einen Vorgriff auf die Zukunft halten. Sie ist nur eine gewisse Sichtweise der Vergangenheit im Lichte der Gegenwart. Kurz: Die klassische Konzeption der Finalität postuliert gleichzeitig zu viel und zu wenig. Sie ist zu weit und zu eng. Indem sie das Leben mit der Intelligenz erklärt, engt sie die Bedeutung des Lebens über alle Maßen ein. Die Intelligenz ist, zumindest so, wie wir sie in uns vorfinden, im Laufe des Weges von der Evolution geformt worden; sie ist ein Ausschnitt von etwas viel Umfangreicherem, oder besser: Sie ist nur die notwendig zweidimensionale Projektion einer Wirklichkeit, die Relief und Tiefe hat. Es ist diese umfassendere Wirklichkeit, die der wahre Finalismus rekonstruieren, oder vielmehr, wenn möglich, in einer einzigen einfachen Anschauung umgreifen sollte. Doch andererseits ist diese Wirklichkeit, gerade weil sie über die Grenzen der Intelligenz – der Fähigkeit, Gleiches mit Gleichem zu verbinden, Wiederholungen zu erkennen und auch zu erzeugen – hinausreicht, zweifellos schöpferisch, das heißt, sie erzeugt Effekte, die sie erweitern und mit denen sie über sich selbst hinausgeht: Diese Effekte waren also nicht schon zuvor in ihr gegeben, und folglich konnte sie sie nicht als Ziele erkoren haben, selbst wenn sie, einmal erzeugt, eine rationale Deutung zulassen, die der eines Gegenstandes gleicht, der durch die Realisierung eines Musters hergestellt wurde. Mit einem Wort, die Theorie der Finalursachen geht nicht weit genug, wenn sie sich damit begnügt, Intelligenz in die Natur hineinzulegen, und sie geht zu weit, wenn sie eine Präexistenz der Zukunft in der Gegenwart in Form von Ideen annimmt. *EC 50–52*

54. Die Begrenztheit des Lebensschwungs

Man darf nicht vergessen, daß die Kraft, die sich in der organisch-strukturierten Welt weiterentwickelt, eine begrenzte Kraft ist, die immerfort über sich selbst hinauszugehen sucht und dem Werk, das sie zu erzeugen strebt, immer inadäquat bleibt. Aus dem Verkennen dieses Punktes sind die Irrtümer und Kindereien des radikalen Finalismus geboren. Er hat sich die Gesamtheit der lebenden Welt als eine Konstruktion vorgestellt, und zwar als eine den unsrigen analoge Konstruktion. All ihre Teile wären im Hinblick auf die bestmögliche Funktion der Maschine angeordnet. Jede Art hätte ihren Existenzgrund, ihre Funktion und ihre Bestimmung. Zusammen gäben sie ein großes Konzert, in dem die scheinbaren Dissonanzen nur dazu dienten, die grundlegende Harmonie hervorzuheben. Kurz, in der Natur verliefe alles so wie in den Werken des menschlichen Genies, wo das erreichte Resultat winzig sein mag, wo aber zumindest vollkommene Adäquatheit zwischen dem hergestellten Objekt und dem Herstellungsaufwand herrscht.

Ganz anders in der Evolution des Lebens. Hier frappiert das zwischen Arbeitsaufwand und Resultat bestehende Mißverhältnis. Vom Niedrigsten bis zum Höchsten in der Welt des Organisch-Strukturierten ist es immer eine einzige große Anstrengung; aber in den meisten Fällen bringt es diese Anstrengung nicht weit, mal, weil gegenläufige Kräfte sie lähmen, mal, weil sie sich durch das, was sie tut, von dem ablenken läßt, was sie tun soll, hingenommen von der Form, die sie gerade annimmt, von ihr gebannt, wie von einem Spiegel. Bis in ihre vollkommensten Werke, wo sie über die äußeren Widerstände wie über ihre eigenen triumphiert zu haben scheint, ist sie der Materialität, die sie sich verleihen mußte, auf Gedeih und Verderb ausgeliefert. Jeder von uns kann das am eigenen Leibe erproben. Gerade durch jene Bewegungen selbst, kraft deren sie sich bewährt, erschafft unsere Freiheit angehende Gewohnheiten, die sie ersticken werden, wenn sie sich nicht durch fortwährende Anstrengungen ständig erneuert: Stets lauern ihr Automatismen auf. Selbst das lebendigste Denken gefriert in der Formulierung, durch die es zum Ausdruck kommt. Das Wort kehrt sich gegen die Idee. Der Buchstabe tötet den Geist. Und unser feurigster Enthusiasmus erstarrt, wenn er sich in einer Handlung äußert, manchmal so selbstverständlich zu kaltem Interessen- oder Eitelkeitskalkül, nimmt so mühelos die Form dieses anderen an, daß wir beide miteinander verwechseln, an unserer eigenen Aufrichtigkeit zweifeln und Güte und Liebe verleugnen könnten, wenn wir nicht wüßten, daß das Tote die Züge des Lebendigen noch eine Weile bewahrt.

Die tiefe Ursache dieser Dissonanzen liegt in einer nicht behebbaren Verschiedenheit des Rhythmus. Das Leben im ganzen ist die Bewegtheit selbst; die einzelnen Manifestationen des Lebens hingegen nehmen diese Bewegtheit nur widerwillig auf und bleiben ständig hinter ihr zurück. Jenes schreitet immer kühn voran; diese möchten auf der Stelle treten. Die Evolution im ganzen würde, soweit irgend möglich, als eine gerade Linie verlaufen; jede einzelne Evolution hingegen ist ein zirkulärer Prozeß. Wie vom vorbeiziehenden Wind aufgejagte Staubwirbel kreisen die Lebenden um sich selbst, in der Luft gehalten vom großen Atem des Lebens. Sie sind also relativ stabil und mimen so gut die Unbewegtheit, daß wir sie eher wie *Dinge* als wie *Fortschritte* behandeln, ganz vergessend, daß jene Beständigkeit ihrer Form selbst nur der Linienzug einer Bewegung ist. Zuweilen indes, in flüchtiger Erscheinung, verkörpert sich vor unseren Augen der unsichtbare Atem, der sie trägt. Diese Erleuchtung wird uns angesichts bestimmter Formen der so frappierenden und selbst bei der Mehrzahl der Tiere so rührenden Mutterliebe zuteil, die noch bis hin zur Fürsorge der Pflanze für ihren Samen beobachtbar ist. Diese Liebe, in der manche das große Mysterium des Lebens gesehen haben, kann uns vielleicht sein Geheimnis preisgeben. Sie zeigt uns jede Generation über die ihr folgende gebeugt. Sie läßt uns erahnen, daß das Lebewesen in erster Linie ein Durchgangspunkt ist und daß das Wesentliche des Lebens in der Bewegung liegt, durch die es weitergegeben wird.

Dieser Kontrast zwischen dem Leben im ganzen und den Formen, in denen es sich manifestiert, weist überall denselben Charakter auf. Man könnte sagen, daß das Leben versucht, soviel wie möglich zu wirken, daß aber jede Art am liebsten den kleinstmöglichen Kraftaufwand beisteuern würde. Seinem Wesen nach betrachtet, das heißt als ein Übergang von einer Art zur nächsten, ist das Leben ein immer wachsendes Wirken. Doch jede der Arten, durch die das Leben hindurchgeht, strebt nur nach ihrer eigenen Bequemlichkeit. Sie sucht sich das, was am wenigsten Mühe erfordert. Absorbiert von der Form, die sie gerade annimmt, versinkt sie in einen Halbschlaf, in dem sie von allem übrigen Leben fast nichts mehr weiß: Sie gestaltet sich selbst im Hinblick auf die leichtestmögliche Ausbeutung ihrer unmittelbaren Umgebung. So sind der Akt, mit dem das Leben der Schöpfung einer neuen Form entgegengeht, und der Akt, durch den diese Form Gestalt annimmt, zwei verschiedene und oft antagonistische Bewegungen. Die erste setzt sich in der zweiten fort, kann sich dort aber nicht fortsetzen, ohne von ihrer Richtung abgelenkt zu werden, so wie ein Springer, der, um das Hindernis zu überwinden, dazu gezwungen wäre, seine Augen von diesem abzuwenden und auf sich selbst zu schauen.

Die Lebensformen sind per definitionem lebensfähige Formen. Auf welche Art auch immer man die Anpassung des Organismus an seine Existenzbedingungen erklärt, diese Anpassung ist, sobald die Art bestehen bleibt, notwendig eine ausreichende. In diesem Sinne ist jede der aufeinanderfolgenden Arten, die die Paläontologie und die Zoologie beschreiben, ein vom Leben davongetragener *Erfolg*. Doch sehen die Dinge ganz anders aus, wenn man jede Spezies nun der Bewegung gegenüberstellt, die sie auf ihrem Weg abgelagert hat, und nicht mehr den Bedingungen, in die sie sich eingepaßt hat. Oft wurde diese Bewegung abgelenkt, oft auch plötzlich zum Stillstand gebracht; was nur ein Durchgangspunkt hätte sein sollen, wurde zu einem Schlußpunkt. Von diesem neuen Gesichtspunkt aus erscheint der Mißerfolg als die Regel und der Erfolg als die Ausnahme und als immer nur Unvollkommener. *EC 127–130*

55. Leben und Automatismus: Das Komische

Soll die Übertreibung komisch sein, so darf sie nicht als Zweck erscheinen. Wir dürfen in ihr nur ein Mittel sehen, uns Verzerrungen vor Augen zu führen, die der Künstler in der Natur sich abzeichnen sieht. Auf die Verzerrung kommt es an, sie ist das, was uns interessiert. Deshalb werden wir sie sogar in Gesichtsteilen suchen, die keiner Bewegung fähig sind, im Bogen einer Nase, ja selbst in der Form eines Ohrs. Denn Form ist für uns die Linie einer Bewegung. Wenn der Karikaturist die Größe einer Nase verändert, aber ihren »Grundriß« unangetastet läßt, wenn er sie zum Beispiel in dem Sinn verlängert, wie schon die Natur sie verlängert hat, dann schneidet diese Nase tatsächlich Grimassen: dann haben wir das Gefühl, auch das Original habe sich verlängern und Grimassen schneiden wollen. Das meinen wir, wenn wir sagen, die Natur sei oft selbst und mit Erfolg ein Karikaturist. Durch die Bewegung, mit welcher sie einen Mund gespalten, ein Kinn zurückversetzt, eine Wange aufgebläht hat, scheint es ihr geglückt zu sein, die mildernde Kontrolle einer vernünftigeren Kraft zu umgehen und ihre Grimasse zu Ende zu führen. In diesem Fall lachen wir über ein Gesicht, das im Grunde seine eigene Karikatur ist.

Am Ende hat unsere Phantasie, auf welche Doktrin unser Verstand auch immer schwören mag, ihre ganz bestimmte Philosophie. Sie sieht in jeder menschlichen Form das Werk einer die Materie formenden Seele, einer unendlich beweglichen, ewig regen Seele, die der Schwerkraft entronnen ist, weil die Erde sie nicht anzieht. Etwas von dieser beschwingten Schwerelosigkeit vermittelt sie dem Körper, den sie belebt. Das Unstoffliche, das auf diese Weise in Stoff übergeht, nennen wir Anmut. Aber der Stoff widersteht und beharrt. Er möchte das immer wache Wirken dieses höheren Prinzips an sich ziehen, zur eigenen Trägheit bekehren und zum Automatismus verkümmern lassen. Er möchte die sinnvoll abgestuften Bewegungen des Körpers zu sinnlos erworbenen mechanischen Gesten versteinern, das bewegliche Mienenspiel zur dauerhaften Grimasse erstarren lassen, ja der ganzen Person die Haltung eines Menschen aufzwingen, der in der Stofflichkeit mechanischen Tuns völlig aufgegangen zu sein scheint, anstatt daß er sich unter dem Einfluß eines lebendigen Ideals fortwährend erneuert. Wo es dem Stoff gelingt, das Leben der Seele nach außen zu verdicken, seinen Rhythmus zu lähmen, gewinnt er dem Körper eine komische Wirkung ab. Wollten wir also das Komische im Vergleich mit seinem Gegenteil definieren, so müßten wir es nicht der Schönheit, wohl aber der Anmut gegenüberstellen. Das Komische ist eher steif als häßlich. *R 20–22*

56. Leben und Materialität

Für uns repräsentiert das Ganze einer organisch-strukturierten Maschine zwar zur Not noch das Ganze der organischen Strukturbildungsleistung (obgleich auch dies nur annäherungsweise zutrifft), aber die Teile der Maschine entsprechen nicht den Teilen der Leistung, da *die Materialität dieser Maschine nicht mehr einen Zusammenhang eingesetzter Mittel darstellt, sondern einen Zusammenhang überwundener Hindernisse*: Sie ist eher eine Negation als eine positive Realität. So ist, wie wir in einer vorigen Untersuchung gezeigt haben, das Sehen ein Vermögen, das *de jure* auch eine unendliche Menge unserem Blick entzogener Dinge erreichen würde. Doch ein solches Sehen fände keine Fortsetzung in einer Handlung; es wäre einem Geisterwesen und nicht einem Lebewesen angemessen. Das Sehen eines Lebewesens hingegen ist ein wirkungsvolles Sehen, begrenzt auf die Dinge, auf die das Wesen einwirken kann: Es ist ein *kanalisiertes* Sehen, und der visuelle Apparat symbolisiert einfach die Leistung der Kanalisierung. Von daher erklärt sich der Aufbau des visuellen Apparates ebensowenig durch die Zusammenfügung seiner anatomischen Elemente wie das Bohren eines Kanals durch das Herbeiholen der Erde, die seine Ufer bilden soll. Die mechanistische These würde lauten, die Erde sei Fuhre für Fuhre herbeigeholt worden; der Finalismus würde hinzufügen, daß die Erde nicht zufällig dort abgeladen worden sei, daß die Fuhrmänner einem Plan gefolgt wären. Doch Mechanismus und Finalismus irren sich einer wie der andere, denn der Kanal ist anders entstanden.

Zutreffender schon hatten wir das Vorgehen der Natur beim Bau eines Auges mit dem einfachen Akt verglichen, kraft dessen wir die Hand heben. Wir hatten dabei allerdings noch vorausgesetzt, daß die Hand keinerlei Widerstand erfährt. Stellen wir uns jetzt vor, daß sich meine Hand, statt durch die Luft zu gleiten, durch Eisenfeilstaub schieben müsse, der sich um so mehr verdichtet und um so größeren Widerstand leistet, je weiter meine Hand vordringt. Zu einem bestimmten Zeitpunkt wird die Kraft meiner Hand erlahmen, und genau in diesem Moment werden die Späne des Feilstaubs in einer bestimmten Form, und zwar eben jener der innehaltenden Hand und eines Teils des Armes, nebeneinander angeordnet und koordiniert sein. Nehmen wir nun einmal an, Hand und Arm wären unsichtbar geblieben. Die Beobachter würden den Grund der Anordnung in den Spänen des Feilstaubs selbst und in inneren Kräften des von ihnen gebildeten Haufens suchen. Die einen würden die Position jedes einzelnen Spans auf die Wirkung zurückführen, die er von seinen Nachbarspänen erfährt: Das wären die Mechanisten. Andere würden meinen, ein Plan des Ganzen habe das Detail dieser elementaren Wirkungen gelenkt: Sie wären die Finalisten. Die Wahrheit aber ist, daß es ganz einfach einen unteilbaren Akt gab, jenen der Hand, die sich durch den Feilstaub schob: Das unerschöpfliche

Detail der Bewegung der Späne sowie das Gesetz ihrer schließlichen Anordnung sind gewissermaßen nur ein negativer Ausdruck dieser ungeteilten Bewegung – die globale Form eines Widerstandes und nicht eine Synthese positiver Elementarwirkungen. Daher kann man, wenn man die Anordnung der Späne »Wirkung« nennen will und die Bewegung der Hand »Ursache«, notfalls sagen, daß sich das Ganze der Wirkung durch das Ganze der Ursache erkläre, doch in keiner Weise entsprechen Teilen der Ursache Teile der Wirkung. Mit anderen Worten, hier sind weder Mechanismus noch Finalismus am Platze, und man wird auf einen Erklärungsmodus *sui generis* zurückgreifen müssen. In der Hypothese, die wir vorschlagen, wäre nun aber das Verhältnis des Sehens zum visuellen Apparat ungefähr dasjenige der Hand zum Eisenfeilstaub, der ihre Bewegung nachzeichnet, kanalisiert und begrenzt. *EC 94–96*

57. Die Materialität – Umkehrung der Dauer

Nimmt man die Ausgedehntheit im allgemeinen *in abstracto* in den Blick, so erscheint die *Ausdehnung*, wie wir schon sagten, nur wie eine *Anspannung*, die sich unterbricht. Hält man sich an die konkrete Wirklichkeit, die diese Ausgedehntheit erfüllt, so ist die Ordnung, die dort herrscht und die sich durch die Naturgesetze offenbart, eine Ordnung, die von selbst geboren wird, wenn die umgekehrte Ordnung aufgehoben wird: Eine Entspannung des Wollens würde genau diese Aufhebung bewirken. So legt uns nun also die Richtung, in der sich diese Realität bewegt, die Vorstellung von einer *zergehenden* Sache nahe; darin liegt ganz zweifellos einer der Wesenszüge der Materialität. Was aber soll man daraus schließen, wenn nicht, daß der Prozeß, durch den diese Sache *entsteht*, in der den physikalischen Prozessen entgegengesetzten Richtung verläuft und daß er infolgedessen per definitionem immateriell ist? Unsere Vorstellung von der materiellen Welt ist die eines fallenden Gewichts; kein einziges der Materie im eigentlichen Sinne entnommenes Bild wird uns eine Vorstellung des sich hebenden Gewichtes vermitteln. Doch diese Schlußfolgerung wird sich uns mit noch größerer Kraft aufdrängen, wenn wir die konkrete Realität noch näher in den Blick nehmen und nicht nur die Materie im allgemeinen, sondern innerhalb dieser Materie die lebendigen Körper betrachten.

Alle unsere Analysen zeigen uns nämlich das Leben als eine Bestrebung, den Hang wieder hinauf zu klimmen, den die Materie hinabgleitet. Dadurch lassen sie uns die Möglichkeit und sogar die Notwendigkeit eines der Materialität entgegengesetzten Prozesses erahnen, der allein durch seine Unterbrechung zum Schöpfer der Materie wird. Gewiß, das Leben, das sich auf der Oberfläche unseres Planeten weiterentwickelt, ist an Materie gebunden. Wenn es reines Bewußtsein, oder erst recht, wenn es Überbewußtsein wäre, so wäre es reine schöpferische Aktivität. De facto ist es an einen Organismus gebunden, der es den allgemeinen Gesetzen der leblosen Materie unterwirft. Doch spielt sich alles so ab, als ob es sein Möglichstes täte, sich von diesen Gesetzen frei zu machen. Zwar hat es nicht die Macht, die vom Carnotschen Prinzip bestimmte Richtung der physikalischen Veränderungen umzukehren. Zumindest jedoch verhält es sich genau wie eine Kraft, die, wäre sie sich selbst überlassen, in umgekehrter Richtung arbeiten würde. Unfähig, den Lauf der materiellen Veränderungen *zum Stillstand zu bringen*, gelingt es ihr dennoch, ihn zu *verzögern*. Die Evolution des Lebens setzt nämlich, wie wir gezeigt haben, einen ursprünglichen Impuls fort; dieser Impuls, der die Entwicklung der Chlorophyll-Funktion bei den Pflanzen und des sensomotorischen Systems bei den Tieren hervorgerufen hat, führt das Leben durch die Herstellung und den Gebrauch von immer kraftvollerem Sprengstoff zu immer wirkungsvolleren Akten. Was aber stellt nun dieser Sprengstoff dar, wenn nicht eine Aufspeicherung von Sonnenenergie, Energie, deren Entwertung somit an einigen der Punkte, auf die sie sich ergoß, vorübergehend ausgesetzt wird. Die nutzbare Energie, die der Sprengstoff birgt, wird sich ohne Zweifel im Moment der Explosion verbrauchen; doch wäre sie schon früher verbraucht gewesen, wenn nicht ein Organismus zugegen gewesen wäre, um ihrer Vergeudung Einhalt zu gebieten, sie zurückzubehalten und aufzusummieren. So wie sich das Leben uns heute präsentiert, in der Form, in die es durch eine Spaltung in ihm enthaltener, einander komplementärer Tendenzen gebracht wurde, ist es in seiner Gesamtheit von der Chlorophyll-Funktion der Pflanze abhängig. Das bedeutet, daß es, in seinem ursprünglichen Impuls und vor jeder Spaltung betrachtet, eine Tendenz war, die darin bestand, im Hinblick auf einen momenthaften wirkungsvollen Verbrauch - wie ihn das Tier vollzieht - etwas in einem Reservoir - wie es insbesondere die grünen Partien der Pflanzen sind - anzusammeln, das ohne es verflossen wäre. Es ist gleichsam eine Bestrebung, das fallende Gewicht wieder emporzuheben. Freilich gelingt es ihm lediglich, dessen Fall zu verzögern. Doch zumindest kann es uns eine Vorstellung davon vermitteln, was das Emporheben des Gewichtes gewesen wäre.*

* In einem Buch, das reich an Fakten und Ideen ist (*La dissolution opposée à l'évolution*, Paris 1899), zeigt uns André Lalande, wie alle Dinge dem Tod entgegengehen, ungeachtet des vorübergehenden Widerstandes, den die Organismen zu leisten scheinen. – Haben wir aber, selbst im Felde der nicht organisch-strukturierten Materie, das Recht, Erwägungen, die sich aus dem gegenwärtigen Zustand unseres Sonnensystems ableiten, auf das gesamte Universum zu übertragen? Neben den Welten, die sterben, gibt es zweifelsohne auch Welten, die geboren werden. Außerdem erscheint in der organisch-strukturierten Welt der Tod der Individuen ganz und gar nicht wie eine Verringerung des »Lebens im allgemeinen« oder wie eine Notwendigkeit, die dieses schweren Herzens ertrüge. Wie schon mehr als einmal festgestellt wurde, hat das Leben niemals Anstrengungen unternommen, die Existenz des Individuums unbegrenzt zu verlängern, während es in so vielen anderen Punkten so viele geglückte Anstrengungen aufweisen kann. Alles spielt sich so ab, *als ob* dieser Tod gewollt oder doch zumindest zugunsten des größtmöglichen Fortschritts des Lebens im allgemeinen akzeptiert worden wäre.

Stellen wir uns also einen mit Dampf von hoher Spannung gefüllten Behälter vor und hie und da in den Wänden des Gefäßes einen Riß, durch den der Dampf als Strahl entweicht. Der in die Luft schießende Dampf kondensiert fast vollständig zu Tröpfchen, die zu Boden fallen, und diese Kondensation und dieser Fall stellen schlicht den Verlust von etwas dar, eine Unterbrechung, ein Defizit. Ein kleiner Teil des Dampfstrahles jedoch bleibt für ein paar Augenblicke unkondensiert bestehen, doch trotz all seiner Bestrebungen, die fallenden Tropfen wieder zu heben, wird es ihm höchstens gelingen, deren Fall zu verzögern. So müssen auch aus einem immensen Reservoir des Lebens ohne Unterlaß Strahlen hervorschießen, von denen jeder, niederfallend, eine Welt ist. Die Evolution der lebenden Arten im Inneren der jeweiligen Welt repräsentiert das, was von der ursprünglichen Richtung des ursprünglichen Strahles und von einem Anstoß, der sich in der der Materialität entgegengesetzten Richtung fortsetzt, erhalten blieb. Doch wir wollen uns nicht zu sehr an diesen Vergleich hängen. Er würde uns nur ein abgeschwächtes und sogar trügerisches Bild von der Realität vermitteln, da der Riß, der Dampfstrahl und das Hochwirbeln der Tröpfchen notwendig determiniert sind, während die Schöpfung einer Welt ein freier Akt ist und das Leben im Inneren der materiellen Welt an dieser Freiheit teilhat. Denken wir also eher an eine Geste, wie die eines Armes, den man hebt; dann nehmen wir an, daß der Arm, wenn man ihn sich selbst überläßt, heruntersinkt, daß aber in ihm dennoch etwas erhalten bleibt, das sich bemüht, ihn wieder emporzuheben, etwas von dem Wollen, das ihn belebt: Mit diesem Bild einer *schöpferischen Geste, die zergeht*, hätten wir schon eine exaktere Vorstellung der Materie. Und wir würden dann in der vitalen Aktivität dasjenige erkennen, was sich von der unmittelbaren Bewegung in der umgekehrten Bewegung erhalten hat, *eine Realität, die entsteht, durch jene hindurch, die zergeht.* *EC 246–248*

58. Die Materie – der niedrigste Grad der Dauer

Das Unrecht des vulgären Dualismus besteht darin, sich auf den Standpunkt des Raumes zu stellen und einerseits die Materie mit ihren Modifikationen in den Raum sowie andererseits die unausgedehnten Empfindungen ins Bewußtsein zu verlegen. Daher die Unmöglichkeit zu verstehen, wie der Geist auf den Körper wirkt oder der Körper auf den Geist. Daher die Hypothesen, die nichts als maskierte Feststellungen der Tatsachen sind und sein können – die Idee eines Parallelismus oder die einer prästabilierten Harmonie. Doch daher auch die Unmöglichkeit, sei es eine Psychologie des Gedächtnisses, sei es eine Metaphysik der Materie zu konstituieren. Wir haben zu zeigen versucht, daß diese Psychologie und diese Metaphysik zusammenhängen und daß die Schwierigkeiten abnehmen in einem Dualismus, der ausgehend von der reinen Wahrnehmung, wo Subjekt und Objekt zusammenfallen, die Entwicklung dieser beiden Terme in ihre respektiven Dauern verlegt – die Materie tendiert dann, je weiter man ihre Analyse fortführt, mehr und mehr dazu, lediglich ein Nacheinander von unendlich schnellen Momenten zu sein, die sich auseinander ableiten und *sich* dadurch *äquivalent sind*; und der Geist, der schon Gedächtnis in der Wahrnehmung ist, stellt sich mehr und mehr als eine Erstreckung der Vergangenheit in die Gegenwart heraus, als ein *Fortschritt*, eine wahre Evolution.

Wird aber die Beziehung des Körpers zum Geist dadurch klarer? Wir ersetzen eine räumliche Unterscheidung durch eine zeitliche: Sind die beiden Terme dadurch eher imstande, sich zu vereinen? Man muß bemerken, daß die erste Unterscheidung keine Grade zuläßt; die Materie ist im Raum, der Geist ist außerhalb des Raumes; es gibt keinen möglichen Übergang zwischen ihnen. Wenn im Gegenteil die bescheidenste Rolle des Geistes darin besteht, die aufeinanderfolgenden Momente der Dauer der Dinge zu verbinden, wenn es dieses Vorgehen ist, bei dem er Kontakt mit der Materie aufnimmt und durch das er sich gleichzeitig zuallererst von ihr unterscheidet, dann gewahrt man eine Unendlichkeit von Graden zwischen der Materie und dem voll entwickelten Geist, dem Geist, der nicht nur zu indeterminierten, sondern auch zu vernünftigen und überlegten Handlungen fähig ist. Jeder dieser aufeinanderfolgenden Grade, der das Maß einer wachsenden Lebensintensität ist, entspricht einer höheren Spannung der Dauer und übersetzt sich nach außen durch eine höhere Entwicklung des sensomotorischen Systems. Wenn man dieses Nervensystem betrachtet, so scheint seine wachsende Komplexität der Aktivität des Lebewesens einen immer größeren Freiraum zu lassen, die Fähigkeit zu warten, bevor es handelt, und den empfangenen Reiz mit einer immer größeren Vielfalt an motorischen Mechanismen in Bezug zu setzen. Doch das ist nur das Äußere, und die komplexere Organisation des Nervensystems, die eine größere Unabhängigkeit des Lebewesens gegenüber der Materie zu gewährleisten scheint, symbolisiert lediglich materiell ebendiese Unabhängigkeit selbst, das heißt die innere Kraft, die dem Wesen erlaubt, sich vom Rhythmus des Ablaufs der Dinge zu befreien und die Vergangenheit immer besser zu behalten, um die Zukunft immer tiefgreifender zu beeinflussen, das heißt kurz gesagt, in dem speziellen Sinn, den wir diesem Wort verleihen: sein Gedächtnis. So gibt es zwischen der rohen Materie und dem der Reflexion fähigsten Geist alle möglichen Intensitäten des Gedächtnisses oder, was auf dasselbe hinausläuft, alle Grade der Freiheit. *MM 248–250*

59. Leben, Bewußtsein, Menschheit

Folglich ist auch der Unterschied zwischen dem Bewußtsein des Tieres, selbst des intelligentesten, und dem des Menschen radikal. Denn das Bewußtsein entspricht exakt dem Wahlvermögen, über welches das Lebewesen verfügt. Es ist koextensiv mit dem Saum möglicher Handlungen, der die reale Handlung umgibt: Bewußtsein ist synonym mit Erfindung und Freiheit. Beim

Tier jedoch ist alle Erfindung immer nur eine Variation über das Thema der Routine. In die Gewohnheiten der Spezies eingekerkert, gelingt es ihm zwar zweifellos, diese durch seine individuelle Initiative zu erweitern; dem Automatismus entrinnt es jedoch nur für einen Augenblick, gerade lange genug, um einen neuen Automatismus zu erschaffen – kaum daß sie sich geöffnet hatten, schließen sich die Tore seines Gefängnisses schon wieder, und an seiner Kette zerrend, gelingt es ihm lediglich, sie zu verlängern. Mit dem Menschen zerreißt das Bewußtsein die Kette. Beim Menschen, und nur beim Menschen, befreit es sich. Die gesamte Geschichte des Lebens bis zu diesem Punkt war die einer Bestrebung des Bewußtseins, die Materie emporzuheben, und die der mehr oder minder vollständigen Zermalmung des Bewußtseins durch die wieder auf es herunterfallende Materie. Das Unterfangen war paradox – wenn man hier überhaupt, anders als metaphorisch, von einem Unterfangen und von Bestrebung sprechen kann. Es handelte sich darum, mit der Materie, die die Notwendigkeit selber ist, ein Werkzeug der Freiheit zu erschaffen, eine Mechanik herzustellen, die über den Mechanismus triumphiert, und den Determinismus der Natur zu nutzen, um zwischen den Maschen des von ihm gespannten Netzes hindurchzuschlüpfen. Doch überall woanders als beim Menschen hat das Bewußtsein sich in dem Netz, durch dessen Maschen es schlüpfen wollte, verfangen. Es blieb der Gefangene der Mechanismen, die es generiert hatte. Der Automatismus, den es in Richtung auf die Freiheit zu strecken suchte, rollt sich um es zusammen und reißt es mit. Es hat nicht die Kraft, sich dem zu entziehen, da es die Energievorräte, die es für seine Akte angelegt hatte, fast vollständig dafür aufwenden muß, das unendlich subtile, wesensmäßig instabile Gleichgewicht aufrechtzuerhalten, in das es die Materie gebracht hat. Der Mensch jedoch hält seine Maschine nicht nur instand, es gelingt ihm auch, sich ihrer nach Belieben zu bedienen. Er verdankt dies ohne Zweifel der Überlegenheit seines Gehirns, die ihm erlaubt, eine unbegrenzte Anzahl von motorischen Mechanismen zu konstruieren, ohne Unterlaß den alten Gewohnheiten neue entgegenzusetzen und so, den Automatismus gegen sich selbst ausspielend, diesen zu beherrschen. Er verdankt es seiner Sprache, die dem Bewußtsein einen immateriellen Körper anbietet, in den es sich inkarnieren kann, und es so davon befreit, sich ausschließlich auf materielle Körper stützen zu müssen, deren Fließen es zunächst mitreißen und dann alsbald ertränken würde. Er verdankt es dem sozialen Leben, das die Anstrengungen sammelt und bewahrt, so wie die Sprache das Denken speichert, dadurch ein mittleres Niveau festlegt, auf das die Individuen sich gleich zu Beginn erheben müssen, und durch diesen initialen Reiz die Mittelmäßigen am Einschlafen hindert und die Besten anspornt, höher emporzuklimmen. Doch unser Gehirn, unsere sozialen Gefüge und unsere Sprache sind lediglich die verschiedenen und äußeren Zeichen ein und derselben inneren Überlegenheit. Sie bezeichnen, ein jedes in seiner Weise, den einzigartigen und außergewöhnlichen Erfolg, den das Leben in einem bestimmten Moment seiner Evolution davongetragen hat. Sie versinnbildlichen den Unterschied des Wesens, und nicht nur des Grades, der den Menschen vom Rest des Tierreichs trennt. Sie lassen uns erraten, daß, während alle anderen am Ende des großen Sprungbrettes, auf dem das Leben seinen Anlauf nahm, hinabgestiegen sind, weil sie die Latte für zu hoch befanden, der Mensch allein das Hindernis übersprungen hat. *EC 264–265*

IV CONDITIO HUMANA UND PHILOSOPHIE

»Die Philosophie sollte eine Anstrengung sein, die conditio humana zu überschreiten.« *(PM 218)*

A) Die Philosophie

60. Kritik der Intelligenz

Gehen wir also von der Handlung aus, und stellen wir als Prinzip auf, daß die Intelligenz in erster Linie darauf abzielt, etwas herzustellen. Die Herstellung befaßt sich ausschließlich mit roher Materie, in dem Sinne, daß, selbst wenn sie organisch-strukturierte Materialien verwendet, sie diese als leblose Gegenstände behandelt, ohne sich um das Leben zu kümmern, das ihnen ihre je eigene Form verliehen hat. Und von der rohen Materie selbst behält sie nur das Feste: Der Rest entzieht sich ihr eben durch seine Flüssigkeit selbst. Wenn also die Intelligenz darauf zielt, etwas herzustellen, so ist vorauszusehen, daß ihr das Flüssige am Realen zum Teil und das im eigentlichen Sinne Vitale am Lebendigen ganz und gar entgehen wird. *Der Hauptgegenstand unserer Intelligenz, so wie sie aus den Händen der Natur hervorgeht, ist das nicht organisch-strukturierte Feste.*

Führte man sich die intellektuellen Fähigkeiten nacheinander vor Augen, würde man sehen, daß sich die Intelligenz erst dann wohlfühlt, erst dann ganz zu Hause ist, wenn sie mit roher Materie und insbesondere mit Festem operiert. Welches ist die universellste Eigenschaft der rohen Materie? Sie ist ausgedehnt, sie präsentiert uns Gegenstände außerhalb anderer Gegenstände und in diesen Gegenständen wiederum Teile außerhalb anderer Teile. Zweifellos ist es im Hinblick auf unsere späteren Handhabungen nützlich, jeden Gegenstand als aufteilbar in willkürlich zugeschnittene Teile anzusehen, wobei jeder Teil noch weiter nach unserem Gutdünken aufteilbar wäre und so immer weiter fort. Für die gegenwärtige Handhabung jedoch ist es vor allem notwendig, daß wir das reale Objekt, mit dem wir es zu tun haben, oder die realen Elemente, in die wir es aufgelöst haben, für *vorläufig endgültig* halten und sie wie ebenso viele *Einheiten* behandeln. Auf die Möglichkeit, die Materie, soweit es uns gefällt und so wie es uns gefällt, zu zerlegen, spielen wir an, wenn wir von der *Kontinuität* der materiellen Ausgedehntheit sprechen; doch diese Kontinuität reduziert sich, wie man sieht, für uns auf jene uns von der Materie belassene Möglichkeit, den Modus der Diskontinuität zu wählen, den wir in ihr sehen: Aufs ganze gesehen ist es immer der einmal gewählte Modus der Diskontinuität, der uns als tatsächlich real erscheint und an den sich unsere Aufmerksamkeit heftet, da er es ist, nach dem unsere gegenwärtige Handlung sich richtet. So ist die Diskontinuität für sich selbst gedacht und in sich selbst denkbar, wir stellen sie uns in einem positiven Akt unseres Geistes vor, während die intellektuelle Vorstellung der Kontinuität eher negativer Natur ist, da sie letztlich nur die Weigerung unseres Geistes darstellt, irgendein je aktuell gegebenes Zerlegungssystem für das einzig mögliche zu halten. *Die Intelligenz stellt sich nur das Diskontinuierliche in aller Klarheit vor.*

Zum anderen sind die Gegenstände, mit denen unsere Handlung sich befaßt, ganz zweifelsfrei bewegliche Gegenstände. Was jedoch für uns dabei zählt, ist zu wissen, *wo* der bewegte Körper hingeht und *wo* er sich in einem beliebigen Moment seines Weges befindet. Mit anderen Worten, wir heften uns vor allem an seine aktuellen oder künftigen Positionen und nicht an den *Fortschritt*, durch den er von einer Position zur nächsten übergeht, jenen Fortschritt, der die Bewegung selbst ist. Bei den Handlungen, die wir vollziehen und die systematisierte Bewegungen sind, fixieren wir unseren Geist auf das Ziel oder die Bedeutung der Bewegung, auf ihren Gesamtentwurf, mit einem Wort: auf den unbewegten Ausführungsplan. Das Bewegungshafte an der Handlung interessiert uns nur in dem Maße, in dem es das Ganze durch diesen oder jenen unterwegs eintretenden Zwischenfall vorantreiben, verzögern oder verhindern könnte. Von der Bewegtheit selbst wendet unsere Intelligenz sich ab, weil es ihr keinerlei Nutzen brächte, sich damit zu beschäftigen. Wäre sie für die reine Theorie bestimmt, so wäre es die Bewegung, in die hinein sie sich versetzen würde, denn die Bewegung ist zweifellos die Realität selbst, und die Unbewegtheit ist immer nur scheinbar oder relativ. Doch die Intelligenz ist für etwas ganz anderes bestimmt. Wenn sie sich nicht selbst Gewalt antut, geht sie umgekehrt vor: Es ist immer die Unbewegtheit, von der sie ausgeht, als sei diese die letzte Wirklichkeit oder der Grundbestandteil; und wenn sie sich die Bewegung vorstellen will, so rekonstruiert sie sie mit Unbewegtheiten, die sie aneinanderreiht. Dieses Verfahren, dessen Unrechtmäßigkeit und Gefährlichkeit im spekulativen Bereich wir noch zeigen werden (dort führt es zu Sackgassen und erschafft auf künstliche Weise unlösbare philosophische Probleme),[1] läßt sich dagegen mühelos rechtfertigen, wenn man sich auf ihre Bestimmung besinnt. Im Naturzustand hat die Intelligenz es auf ein praktisch nützliches Ziel abgesehen. Wenn sie an die Stelle der Bewegung aneinandergereihte Unbewegtheiten setzt, so erhebt sie keinen Anspruch darauf, die Bewegung, so wie sie ist, zu rekonstituieren; sie ersetzt sie einfach durch ein praktisches Äquivalent. Es sind die Philosophen, die irren, wenn sie eine Denkmethode, die für die Handlung geschaffen ist, auf den Bereich der Spekulation übertragen. Doch auf diesen Punkt wollen wir später zurückkommen. Hier beschränken wir uns darauf, festzuhalten, daß es das Stabile und Unveränderliche ist, an das sich unsere Intelligenz ihrer natürlichen Veranlagung nach heftet. *Unsere Intelligenz stellt sich nur die Unbewegtheit in aller Klarheit vor.* *EC 154–156*

[1] Vgl. Texte 14 und 15.

61. Kritik der Metaphysik

Wir hatten gesagt, daß *mehr* in einer Bewegung liegt als in den aufeinanderfolgenden Positionen, die dem bewegten Körper zugeordnet werden, *mehr* in einem Werden als in den Zug um Zug durchlaufenen Formen, *mehr* in der Evolution der Form als die nacheinander verwirklichten Formen. Die Philosophie wird also aus den Termen der ersten Art die der zweiten ziehen können, nicht aber aus denen der zweiten die der ersten: Es sind die ersten, von denen die Spekulation ausgehen müßte. Doch die Intelligenz kehrt die Ordnung der beiden Terme um, und in diesem Punkt geht die antike Philosophie genau so vor wie die Intelligenz. Sie läßt sich also im Unwandelbaren nieder und wird allein IDEEN als gegeben setzen. Dennoch aber gibt es Werden, das ist eine Tatsache. Wie jedoch soll man, nachdem man allein die Unwandelbarkeit gesetzt hat, die Veränderung aus dieser hervorgehen lassen? Es kann nicht durch Hinzufügen von etwas geschehen, da der Voraussetzung nach nichts Positives außer den IDEEN existiert. Folglich wird es durch eine Minderung geschehen. Auf dem Grund der antiken Philosophie liegt notwendig folgendes Postulat: Es ist mehr im Unbewegten als im Bewegten, und man gelangt auf dem Wege der Minderung oder Abschwächung von der Unwandelbarkeit zum Werden.

Ein Negatives also oder höchstens eine Null ist es, die man zu den IDEEN hinzufügen müßte, um die Veränderung zu erhalten. Darin besteht das platonische »Nicht-Sein«, die aristotelische »Materie«: eine metaphysische Null, die, der IDEE angehängt wie die arithmetische Null an die 1, diese im Raum und in der Zeit vervielfacht. Durch sie bricht sich die unbewegte und einfache IDEE zu einer sich endlos ausbreitenden Bewegung. De jure dürfte es nur unwandelbare IDEEN geben, die unwandelbar ineinandergepaßt sind. De facto bringt die Materie ihre Leere dort hinzu und entfesselt auf den gleichen Schlag das universale Werden. Sie ist das ungreifbare Nichts, das sich zwischen die IDEEN schiebend den endlosen Wirbel und die ewige Unruhe sät, wie ein sich einschleichender Verdacht zwischen zwei sich liebenden Herzen. Stuft man die unwandelbaren Ideen herunter, so wird man eben dadurch das immerwährende Fließen der Dinge erhalten. Die Ideen oder die Formen sind zweifellos das Ganze der intelligiblen Wirklichkeit, das heißt der Wahrheit, insofern sie miteinander vereint das theoretische Gleichgewicht des Seins darstellen. Was die sinnliche Wirklichkeit betrifft, so ist sie ein endloses Pendeln um diesen Gleichgewichtspunkt.

Daher zieht sich durch die ganze Philosophie der Ideen eine gewisse Konzeption der Dauer wie auch des Verhältnisses der Zeit zur Ewigkeit. Dem, der sich ins Werden versetzt, erscheint die Dauer wie das Leben der Dinge selbst, wie die fundamentale Wirklichkeit. Die Formen, die der Geist isoliert und in Begriffen speichert, sind dann nur festgehaltene Anblicke der sich wandelnden Wirklichkeit. Es sind Momente, die man aus dem Lauf der Dauer herauspflückt, und eben weil man den Faden durchtrennt hat, der sie mit der Zeit verband, dauern sie nicht mehr. Sie tendieren dazu, mit ihrer eigenen Definition zu verschmelzen, das heißt mit der künstlichen Rekonstruktion und dem symbolischen Ausdruck, die ihr intellektuelles Äquivalent sind. Sie treten in die Ewigkeit ein, wenn man so will: Doch was an ihnen ewig ist, ist nur noch eins mit dem, was sie an Irrealem haben. – Behandelt man hingegen das Werden mit der kinematographischen Methode, dann sind die Formen nicht mehr von der Veränderung eingefangene Anblicke, sondern deren konstitutive Elemente, sie stellen alles dar, was es im Werden an Positivem gibt. Die Ewigkeit schwebt nicht mehr als Abstraktion über der Zeit, sondern liegt ihr als Wirklichkeit zugrunde. Genau dies ist die Haltung der Philosophie der Formen oder Ideen in diesem Punkt. Sie setzt zwischen der Ewigkeit und der Zeit das gleiche Verhältnis an wie zwischen dem Goldstück und dem Kleingeld – Kleingeld, dessen Münzen so klein sind, daß die Zahlung sich endlos fortsetzt, ohne daß je die Schuld beglichen wäre, von der man sich mit dem Goldstück auf einen Schlag befreit hätte. Das ist es, was Platon in seiner wunderbaren Sprache zum Ausdruck bringt, wenn er sagt, daß Gott, da er die Welt nicht als ewige schaffen konnte, ihr die ZEIT gab, »das bewegte Bild der Ewigkeit«.* *EC 315–317*

62. Kritik der Kritik

Einer der wichtigsten und tiefsten Gedanken der *Kritik der reinen Vernunft* ist der folgende: Wenn die Metaphysik möglich ist, so nur durch eine Schau und nicht durch eine Dialektik. Die Dialektik führt uns zu entgegengesetzten Philosophien; sie beweist ebensogut die Thesis wie die Antithesis der Antinomien. Einzig eine höhere Anschauung[1] (die Kant eine »intellektuelle« Anschauung nennt), das heißt eine *Wahrnehmung* der metaphysischen Realität, würde der Metaphysik erlauben, sich zu konsti-

* Platon, *Timaios*, 37d.

[1] Die klassische französische Übersetzung des deutschen Begriffs ›Anschauung‹ im philosophischen Sinne ist *intuition*, so wird auch die »Anschauung« Kants im Französischen mit *intuition* wiedergegeben. Im Deutschen muß man in diesem Fall selbstverständlich mit ›Anschauung‹ rückübersetzen. Gleichzeitig ist *intuition* bei Bergson einer der zentralen Begriffe seiner Philosophie, für den der Aspekt der »Anschauung« zwar wesentlich ist, dem Bergson aber seinen ganz eigenen Sinn verliehen hat (vgl. hier Text 22, S. 57, Anm. **). Aus diesem Grund übertrage ich *intuition* bei Bergson durchgängig mit ›Intuition‹ als *terminus technicus* der Bergsonschen Philosophie und setze lediglich dort, wo es sich explizit um die Anschauung im Kantischen Sinne handelt, ›Anschauung‹. Das führt in diesem Textauszug zu einem unvermeidlichen Wechsel zwischen den beiden Begriffen, wobei bei jedem von ihnen der andere stets mitgedacht werden muß, um die Einheit des französischen ›*intuition*‹ zu wahren, die bei Bergson keine zufällige, rein terminologische, sondern, wie auch in diesem Text sichtbar wird, eine inhaltlich-gedankliche ist. Siehe hierzu auch: Bergson, *Schöpferische Evolution*, Hamburg 2013, S. 404 f. sowie XXXVIII f. und 423. [A. d. Ü.]

tuieren. Das klarste Resultat der Kantischen *Kritik* besteht daher in dem Aufweis, daß man nur durch eine Schau ins Jenseits eindringen könnte und daß eine Lehre in diesem Bereich allein durch das gilt, was sie an Wahrnehmung enthält; nimmt man diese Wahrnehmung, analysiert sie, setzt sie wieder zusammen, dreht und wendet sie in alle Richtungen, unterwirft sie den subtilsten Operationen der höchsten intellektuellen Chemie, so wird man doch aus seinem Tiegel niemals etwas anderes herausziehen als das, was man dort hineingesteckt hat; soviel Schau man dort einfließen ließ, so viel wird man darin wiederfinden; und die Vernunftüberlegung wird einen nicht einen Schritt weiter *jenseits* dessen geführt haben, was man zuerst wahrgenommen hatte. Dies hat Kant ans volle Licht gebracht; und darin liegt, meiner Meinung nach, der größte Dienst, den er der spekulativen Philosophie erwiesen hat. Er hat endgültig etabliert, daß, wenn die Metaphysik möglich ist, sie dies nur durch eine Anstrengung der Intuition sein kann. Allein, nachdem er bewiesen hatte, daß die Anschauung als einzige imstande wäre, uns eine Metaphysik zu geben, fügte er hinzu: Diese Anschauung ist unmöglich.

Warum hielt er sie für unmöglich? Eben deshalb, weil er sich eine Schau dieser Art – will sagen eine Schau der Wirklichkeit »an sich« – so vorstellte, wie Plotin sie sich vorgestellt hatte, so wie sie im allgemeinen von denen vorgestellt wurde, die sich auf die metaphysische Intuition berufen haben. Alle haben darunter ein Erkenntnisvermögen verstanden, das sich radikal sowohl vom Bewußtsein als auch von den Sinnen unterscheiden würde, ja sogar in die umgekehrte Richtung orientiert wäre. Alle haben geglaubt, sich vom praktischen Leben zu befreien, hieße ihm den Rücken zuzukehren.

Warum haben sie das geglaubt? Warum hat Kant, ihr Gegner, ihren Irrtum geteilt? Warum haben sie alle so geurteilt, bereit, entgegengesetzte Schlüsse daraus zu ziehen, jene sogleich eine Metaphysik konstruierend, dieser die Metaphysik für unmöglich erklärend?

Sie haben es geglaubt, weil sie sich eingebildet haben, daß unsere Sinne und unser Bewußtsein, so wie sie im alltäglichen Leben funktionieren, uns die Bewegung direkt erfassen lassen würden. Sie haben geglaubt, daß wir durch unsere Sinne und unser Bewußtsein, wenn sie so arbeiten, wie sie normalerweise arbeiten, wirklich die Veränderung in den Dingen und die Veränderung in uns wahrnähmen. Da es nun aber unbestreitbar ist, daß wir, wenn wir den gewöhnlichen Daten unserer Sinne und unseres Bewußtseins folgen, im Reich der Spekulation bei unauflösbaren Widersprüchen enden, haben sie daraus geschlossen, daß der Widerspruch der Veränderung selbst inhärent sei und daß man, um diesem Widerspruch zu entgehen, aus der Sphäre der Veränderung heraustreten und sich über die ZEIT erheben müsse. Dies ist der Kern des Denkens der Metaphysiker wie auch derjenigen, die mit Kant die Möglichkeit der Metaphysik leugnen.

Die Metaphysik ist in der Tat aus den von Zenon von Elea vorgebrachten Argumenten zu Veränderung und Bewegung geboren. Es war Zenon, der, indem er die Aufmerksamkeit auf die Absurdität dessen zog, was er Bewegung und Veränderung nannte, die Philosophen – Platon als allerersten – dazu brachte, die kohärente und wahre Wirklichkeit in dem zu suchen, was sich nicht verändert. Und weil Kant einerseits glaubte, daß unsere Sinne und unser Bewußtsein tatsächlich in einer wahren ZEIT aktiv sind – will sagen in einer ZEIT, die sich unablässig wandelt, einer Dauer, die dauert –, ihm andererseits aber die Relativität der gewöhnlichen Daten unserer Sinne und unseres Bewußtsein klar wurde (die er lange vor dem transzendentalen Endpunkt seines Strebens festhielt), hielt er folglich die Metaphysik ohne eine ganz andere Schau als jene der Sinne und des Bewußtseins für unmöglich – eine Schau, von der er beim Menschen im übrigen keine Spur fand.

Wenn wir aber aufweisen könnten, daß das, was zuerst von Zenon und dann von den Metaphysikern im allgemeinen als Bewegung und Veränderung betrachtet wurde, weder Veränderung noch Bewegung ist, daß sie von der Veränderung nur das zurückbehalten haben, was sich nicht verändert, und von der Bewegung nur das, was sich nicht bewegt, daß sie für eine unmittelbare und vollständige Wahrnehmung der Bewegung und der Veränderung hielten, was eine Kristallisation dieser Wahrnehmung, eine Verfestigung im Hinblick auf die Praxis ist; und wenn wir auf der anderen Seite zeigen könnten, daß dasjenige, was von Kant für die Zeit selbst gehalten wurde, eine Zeit ist, die weder fließt noch sich verändert, noch dauert – dann müßte man, um Widersprüchen wie den von Zenon aufgezeigten zu entgehen und um unsere alltägliche Erkenntnis von der Relativität, mit der Kant sie geschlagen sah, zu befreien, nicht aus der Zeit heraustreten (wir sind schon aus ihr herausgetreten!), man müßte sich nicht von der Veränderung befreien (wir haben uns davon schon viel zu sehr befreit!), sondern man müßte im Gegenteil die Veränderung und die Dauer wieder in ihrer ursprünglichen Bewegtheit ergreifen. Dann sähen wir nicht nur viele Schwierigkeiten eine nach der anderen in sich zusammenfallen und mehr als ein Problem verschwinden: Durch die Ausdehnung und die Wiederbelebung unserer Wahrnehmungsfähigkeit, vielleicht auch (doch im Moment geht es nicht darum, sich zu solchen Höhen aufzuschwingen) durch eine Verlängerung der Intuition, die ihr durch privilegierte Seelen zuteil wird, werden wir die Kontinuität im Gesamt unserer Erkenntnisse wiederherstellen – eine Kontinuität, die nicht mehr hypothetisch und konstruiert wäre, sondern erprobt und erlebt. *PM 154–157*

63. Philosophie als Anstrengung

Unser Bewußtsein ist das Bewußtsein eines bestimmten Lebewesens, das sich an einem bestimmten Punkt des Raumes befindet; und wenn es sich auch durchaus in derselben Richtung bewegt wie sein Prinzip, so wird es doch ohne Unterlaß in die umgekehrte Richtung gezogen und ist daher gezwungen, obgleich es sich vorwärts bewegt, nach hinten zu blicken. Diese retrospektive Schau ist, wie wir gezeigt haben, die natürliche Funktion der Intelligenz und folglich des deutlichen Bewußtseins. Damit unser Bewußtsein mit einem Teil seines Prinzips zusammenfiele, müßte es sich vom *fertig Bestehenden* ablösen und sich an das erst *Entstehende* heften. Das Vermögen des *Sehens* dürfte, sich umwendend und über sich selbst krümmend, nur noch eins sein mit dem Akt des *Wollens*. Eine schmerzvolle Anstrengung, die wir, der Natur Gewalt antuend, stoßweise zu vollbringen vermögen, die wir aber nicht über einige Augenblicke hinaus aufrechterhalten können. In der freien Handlung, wenn wir unser ganzes Sein anspannen, um es nach vorn zu schleudern, haben wir ein mehr oder minder klares Bewußtsein der Motive und Beweggründe und, im äußersten Fall, sogar des Werdens, durch welches sie sich zum Akt strukturieren. Das reine Wollen jedoch, der Strom, der diese Materie durchzieht und ihr das Leben vermittelt, ist etwas, das wir kaum erspüren können, das wir allerhöchstens im Vorübergleiten flüchtig berühren. Versuchen wir, und sei es auch nur für einen Moment, uns dort hineinzuversetzen: Selbst dann bleibt es ein individuelles, fragmentarisches Wollen, das wir ergreifen werden. Um zum Prinzip allen Lebens wie auch aller Materialität zu gelangen, müßte man noch weiter gehen. Ist das unmöglich? Sicherlich nicht – die Geschichte der Philosophie steht bereit, dies zu bezeugen. Es gibt kein bleibendes System, das nicht zumindest in einigen seiner Teile durch Intuition belebt würde. Die Dialektik ist notwendig, um die Intuition auf die Probe zu stellen, notwendig auch, damit die Intuition sich in Begriffe bricht[1] und sich an andere Menschen übermitteln läßt; sehr oft jedoch entwickelt sie lediglich das Ergebnis dieser Intuition, die über sie hinausgeht. In Wahrheit schlagen die beiden Vorgehensweisen entgegengesetzte Richtungen ein: Dieselbe Anstrengung, mit der man Ideen mit

[1] Im Sinne der Lichtbrechung. [A. d. Ü.]

Ideen verbindet, läßt gerade die Intuition zerrinnen, die die Ideen festzuhalten suchten. So muß der Philosoph, hat er ihren Schwung einmal empfangen, die Intuition alsbald wieder fahrenlassen und auf sich selbst vertrauen, um die Bewegung fortzuführen, indem er nun Begriff nach Begriff voranschiebt. Nur zu bald indes spürt er, daß er den Boden unter den Füßen verloren hat. Ein neuer Kontakt wird notwendig, und der Großteil dessen, was man soeben aufgebaut hat, müßte wieder eingerissen werden. Alles in allem ist die Dialektik dasjenige, was die Übereinstimmung unseres Denkens mit sich selbst gewährleistet. Allerdings sind durch die Dialektik, die nur eine Entspannung der Intuition ist, vielerlei verschiedene Übereinstimmungen möglich – und es gibt doch nur eine Wahrheit. Die Intuition hingegen würde, wenn sie sich über mehr als nur einige Augenblicke erstrecken könnte, nicht nur die Übereinstimmung des Philosophen mit seinem eigenen Denken, sondern auch die aller Philosophen untereinander gewährleisten. Bereits so, wie sie existiert, blitzartig und unvollständig, ist sie in jedem System dasjenige, was wertvoller ist als das System selbst und was dieses überleben wird. Das Ziel der Philosophie wäre erreicht, wenn diese Intuition sich aufrechterhalten, verallgemeinern und vor allem sich äußere Bezugspunkte sichern könnte, um sich nicht zu verirren. Dafür ist ein kontinuierliches Hin und Her zwischen Natur und Geist vonnöten. *EC 238–240*

64. Philosophie als Wahrnehmung

Hier also die Frage, die sich stellt und die ich für wesentlich halte. Sollen wir, da nun jeder Versuch rein begrifflicher Philosophie ihm widerstreitende Versuche hervorruft und da es auf dem Gebiet der reinen Dialektik kein System gibt, dem man nicht ein anderes entgegensetzen könnte, in diesem Gebiet verweilen, oder sollten wir nicht eher (ohne – das versteht sich von selbst – auf die Ausübung der Fähigkeiten des begrifflichen und des Vernunftdenkens zu verzichten) zur Wahrnehmung zurückkehren und erreichen, daß sie sich ausdehnt und erweitert? Ich sagte, daß es das Ungenügen der natürlichen Wahrnehmung ist, das die Philosophen dazu gedrängt hat, die Wahrnehmung durch den Begriff zu vervollständigen – wobei dieser die Zwischenräume zwischen den Sinnes- oder Bewußtseinsdaten füllen und dadurch unsere Erkenntnis der Dinge vereinheitlichen und systematisieren sollte. Doch die Untersuchung der Lehren zeigt uns, daß das Vermögen des begrifflichen Denkens in dem Maße, in dem es in dieser Integrationstätigkeit voranschreitet, dazu gezwungen ist, eine große Zahl von qualitativen Unterschieden aus dem Wirklichen zu eliminieren, unsere Wahrnehmungen zum Teil auszuschalten, unsere konkrete Schau des Universums zu verarmen. Und eben weil jede Philosophie, ob sie will oder nicht, dazu gebracht wird, in dieser Weise vorzugehen, ruft sie ihr widerstreitende Philosophien hervor, von denen jede etwas von dem aufgreift, was die andere fallen gelassen hat. Die Methode läuft also ihrem Ziel zuwider: Sie sollte, theoretisch, die Wahrnehmung ausdehnen und vervollständigen; faktisch ist sie aber gezwungen, eine Unmenge von Wahrnehmungen ins Verschwinden zu befehlen, damit diese oder jene unter ihnen zum Repräsentanten der anderen werden kann. – Doch einmal angenommen, wir würden uns, anstatt uns über unsere Wahrnehmung der Dinge erheben zu wollen, in diese versenken, um sie zu vertiefen und zu erweitern. Angenommen, wir würden unseren Willen dort einfließen lassen und dieser Wille würde, indem er sich ausdehnt, auch unsere Schau der Dinge erweitern. Dann würden wir dieses Mal eine Philosophie erhalten, in der nichts von den Sinnes- und Bewußtseinsdaten geopfert werden würde: keine Qualität, kein Aspekt des Wirklichen, würde an die Stelle des Übrigen treten, unter dem Vorwand, es zu erklären. Doch insbesondere hätten wir eine Philosophie, der man keine anderen entgegensetzen könnte, da sie nichts ausgelassen hätte, was andere Lehren aufgreifen könnten: Sie hätte alles gegriffen. Sie hätte alles gegriffen, was gegeben ist, und selbst mehr als das, was gegeben ist, denn die Sinne und das Bewußtsein, die durch sie zu einer außergewöhnlichen gemeinsamen Anstrengung gerufen sind, hätten ihr mehr geliefert, als sie es in natürlicher Weise tun. Der Vielheit der Systeme, die mit unterschiedlichen Begriffen bewaffnet einander bekämpfen, würde die Einheit einer Lehre folgen, die imstande ist, alle Denker in einer selben Wahrnehmung zu versöhnen – einer Wahrnehmung, die sich im übrigen, dank der vereinten Anstrengungen der Philosophen in einer gemeinsamen Richtung, immer mehr erweitern würde. *PM 147–149*

65. Philosophie als Empirismus

Die Entfernung zwischen einem angeblichen »Empirismus«, wie jenem von Taine, und den transzendentesten Spekulationen gewisser deutscher Pantheisten ist weit weniger groß, als man annimmt. Die Methode ist in beiden Fällen analog: Sie besteht darin, über die *Elemente* der Übersetzung so zu urteilen, als seien es Teile des Originals. Doch ein wahrer Empirismus ist jener, der sich zum Ziel setzt, das Original selbst so nah wie möglich zu fassen, dessen Leben zu vertiefen und, durch eine Art *spirituelles Abhorchen*, dessen Seele pulsieren zu hören; und dieser wahre Empirismus ist die wahre Metaphysik. Das Unterfangen ist von extremer Schwierigkeit, weil keiner der schon vorgefertigten Begriffe, derer sich das Denken für seine alltäglichen Operationen bedient, hier dienen kann. Nichts leichter, als zu sagen, das Ich sei Vielheit oder es sei Einheit, oder es sei die Synthese von beiden. Einheit und Vielheit sind hier Vorstellungen, die man nicht auf den Gegenstand zuschneiden muß, die man schon hergestellt vorfindet und nur aus einem Stapel heraussuchen muß, Konfektionskleider, die ebensogut Peter wie Paul passen, da sie weder die Form des einen noch des anderen zeichnen. Ein Empirismus aber, der seines Namens würdig ist, ein Empirismus, der nur nach Maß arbeitet, sieht sich gezwungen, für jeden neuen Gegenstand, den er studiert, eine absolut neue Anstrengung zu leisten. Er schneidert für den Gegenstand einen allein diesem Gegenstand angemessenen Begriff, einen Begriff, von dem man kaum sagen kann, daß er noch ein Begriff sei, da er sich nur auf diese einzige Sache anwenden läßt. Er geht nicht durch Kombination von Ideen vor, die man im Handel findet, wie zum Beispiel Einheit und Vielheit, sondern die Vorstellung, zu der er uns hinführt, ist im Gegenteil eine einzigartige, einfache Vorstellung, bei der man im übrigen, sobald sie einmal geformt ist, sehr gut versteht, warum man sie in die Rahmen Einheit, Vielheit etc. einpassen kann, die alle sehr viel weiter sind als sie. Kurz, die so definierte Philosophie besteht nicht darin, zwischen Begriffen zu wählen und für eine Schule Partei zu ergreifen, sondern darin, sich auf die Suche nach einer einzigartigen Intuition zu machen, von der aus man gleichermaßen problemlos zu den verschiedenen Begriffen hinabsteigt, da man sich über die Spaltungen der Schulen gestellt hat.

Daß die Persönlichkeit Einheit aufweist, das ist gewiß; doch eine solche Behauptung lehrt mich nichts über die außerordentliche Natur dieser Einheit, die die Person ist. Daß unser Ich multipel ist, auch das gestehe ich zu, doch ist dies eine Vielheit, von der man sehr wohl zugeben muß, daß sie nichts mit irgendeiner anderen gemein hat. Worauf es der Philosophie wirklich ankommt, ist zu wissen, *welche* Einheit, *welche* Vielheit, *welche* über dem abstrakten Einen und Vielen stehende Wirklichkeit die multiple Einheit der Person ist. Und dies wird sie nur wissen, wenn sie aufs neue die einfache Intuition des Ich durch das Ich ergreift. Dann wird sie, je nach dem Hang, den sie für ihren Abstieg von diesem Gipfel wählt, entweder bei der Einheit oder bei der Vielheit oder bei irgendeinem jener Begriffe ankommen, mit denen man versucht, das bewegte Leben der Person zu definieren. Doch, wir wiederholen es, keine Mischung dieser Begriffe untereinander wird je etwas ergeben, das der Person, die dauert, ähnelt. *PM 196–197*

66. Empirismus und Mystik

Wir erkennen jedoch an, daß die mystische Erfahrung, wenn sie sich selbst überlassen bleibt, dem Philosophen nicht die endgültige Gewißheit zu bringen vermag. Sie wäre nur dann ganz und gar überzeugend, wenn dieser auf einem anderen Weg, wie dem der sinnlichen Erfahrung und der auf sie gegründeten Vernunftüberlegung, dazu gelangt wäre, die Existenz einer privilegierten Erfahrung für wahrscheinlich zu halten, durch die der Mensch mit einem transzendenten Prinzip in Verbindung träte. Daß man diese Erfahrung, so wie man sie erwartete, bei den Mystikern antrifft, würde demnach gestatten, den gesicherten Ergebnissen etwas hinzuzufügen, während diese gesicherten Ergebnisse ihrerseits etwas von ihrer eigenen Objektivität auf die mystische Erfahrung zurückstrahlen würden. Es gibt keine andere Quelle der Erkenntnis als die Erfahrung. Doch da die intellektuelle Notation der Tatsache notwendig über die nackte Tatsache hinausgeht, ist man weit davon entfernt, daß alle Erfahrungen gleichermaßen stichhaltig wären und dieselbe Gewißheit zuließen. Viele führen uns zu schlicht wahrscheinlichen Schlüssen. Allerdings können sich die Wahrscheinlichkeiten addieren und die Addition ein Resultat ergeben, das praktisch der Gewißheit gleichkommt. Wir haben einst von diesen »Tatsachenlinien« gesprochen, von denen jede nur die Richtung der Wahrheit anzeigt, weil sie nicht weit genug voranschreitet: Indem man zwei von ihnen bis zu dem Punkt verlängert, an dem sie sich schneiden, würde man indessen zur Wahrheit selbst gelangen. Der Vermessungsingenieur mißt die Entfernung eines unzugänglichen Punktes, indem er ihn nacheinander von zwei ihm zugänglichen Punkten anvisiert. Wir sind der Ansicht, daß diese Überschneidungsmethode die einzige ist, die die Metaphysik definitiv voranbringen könnte. Durch sie wird sich eine Zusammenarbeit unter Philosophen etablieren, und die Metaphysik wird wie die Wissenschaft durch eine gradweise Ansammlung von gesicherten Ergebnissen voranschreiten, statt ein vollständiges System zu sein, das man als solches entweder anzunehmen oder abzulehnen hat und das immer bestritten und immer von vorn zu beginnen ist. Nun verhält es sich aber gerade so, daß die Vertiefung einer gewissen Art von Problemen, die vom religiösen Problem ganz und gar verschieden sind, uns zu Schlüssen geführt hat, die die Existenz einer einzigartigen, privilegierten Erfahrung, nach Art der mystischen Erfahrung, wahrscheinlich gemacht haben. Und auf der anderen Seite liefert uns die für sich untersuchte mystische Erfahrung Hinweise, die in der Lage sind, zu den in einem anderen Bereich durch eine ganz andere Methode erhaltenen Lehren hinzuzutreten. Es gibt hier also durchaus gegenseitige Bestärkung und Ergänzung. Beginnen wir mit dem ersten Punkt.

Zu der Konzeption eines Lebensschwungs und einer schöpferischen Evolution waren wir gelangt, indem wir so nah wie möglich den Gegebenheiten der Biologie folgten. [...] Diese Konzeption hatte nichts mit den Hypothesen gemein, auf denen die Metaphysiken aufbauen; es war eine Verdichtung von Tatsachen, eine Zusammenfassung von Zusammenfassungen. Woher kam nun der Schwung, und welcher Art war sein Prinzip? Wenn er sich selbst genügte, was war er dann in sich selbst und welchen Sinn mußte man dem Gesamt seiner Manifestationen verleihen? Auf diese Fragen brachten die betrachteten Tatsachen keinerlei Antwort; doch man erkannte durchaus die Richtung, aus der die Antwort kommen könnte. Die durch die Materie geschossene Energie war uns in der Tat als infra-bewußt oder supra-bewußt erschienen, in jedem Fall von gleicher Art wie das Bewußtsein. Sie hatte viele Hindernisse überwinden müssen, mußte sich einschrumpfen, um durchzukommen, vor allem aber sich auf divergierende Evolutionslinien aufteilen; am äußersten Ende der zwei Hauptlinien trafen wir schließlich die zwei Weisen der Erkenntnis an, in die sie sich zerlegt hatte, um sich zu materialisieren: den Instinkt des Insekts und die Intelligenz des Menschen. Der Instinkt war intuitiv, die Intelligenz reflektierte und argumentierte. Freilich stimmt es, daß die Intuition sich herabsetzen mußte, um Instinkt zu werden; sie war fortan besessen vom Interesse der Art, und das, was sie an Bewußtsein bewahrt hatte, hatte schlafwandlerischen Charakter angenommen. Doch ebenso wie um den Instinkt des Tieres herum ein Saum von Intelligenz bestehen blieb, so umgab die menschliche Intelligenz eine Aureole von Intuition. Diese war beim Menschen vollständig desinteressiert und bewußt geblieben, war aber nur ein Schimmer, der sein Licht zudem nicht sehr weit warf. Und doch ist sie es, von der das Licht käme, wenn sich das Innere des Lebensschwungs, seine Bedeutung, seine Bestimmung, je erhellen sollte. Denn sie war zum Inneren gewandt; und wenn sie uns, durch eine erste Intensivierung, die Kontinuität unseres inneren Lebens erfassen ließ, wenn auch der Großteil von uns nicht weiter ging als bis dorthin, so würde doch eine höhere Intensivierung sie vielleicht bis zu den Wurzeln unseres Seins tragen und dadurch bis zum Prinzip des Lebens im allgemeinen selbst. Wurde der mystischen Seele nicht gerade dieses Privileg zuteil? *MR 262–265*

B) Die Conditio humana und ihre Überschreitung

67. Der Status der Intelligenz

Diese Lösung bestünde zunächst darin, die Intelligenz als eine spezielle, ihrem Wesen nach der leblosen Materie zugewandte Funktion des Geistes zu betrachten.[1] Sie bestünde ferner in der Annahme, daß weder die Materie die Form der Intelligenz bestimmt noch die Intelligenz ihre Form der Materie aufzwingt,

[1] Das von Bergson gestellte Problem war das einer *gleichzeitigen* Genese der Intelligenz und der Körper. Er wirft der Metaphysik vor, von vornherein die Intelligenz in einem Prinzip als gegeben zu nehmen, und er wirft Spencer vor, sich bereits die Existenz einander schon äußerlicher Gegenstände zuzugestehen.

noch die Materie und die Intelligenz durch wer weiß welche prästabilierte Harmonie aufeinander abgestimmt sind, sondern daß sich die Intelligenz und die Materie zunehmend aneinander angepaßt haben, um am Ende bei einer gemeinsamen Form haltzumachen. *Diese Anpassung wäre im übrigen ganz natürlich zustande gekommen, da es dieselbe Umkehrung derselben Bewegung ist, die zugleich die Intellektualität des Geistes und die Materialität der Dinge erschafft.*

Von diesem Standpunkt aus erscheint die Erkenntnis der Materie, die uns einerseits durch unsere Wahrnehmung und andererseits durch die Wissenschaft geliefert wird, zwar zweifellos wie eine bloß annähernde, doch keineswegs wie eine relative. Unsere Wahrnehmung, deren Rolle darin besteht, unseren Handlungen zu leuchten, vollzieht eine Unterteilung der Materie, die immer zu scharf, immer praktischen Erfordernissen untergeordnet und folglich immer wieder zu revidieren sein wird. Unsere Wissenschaft, die danach strebt, mathematische Form anzunehmen, betont die Räumlichkeit der Materie über die Maßen; ihre Schemata werden daher im allgemeinen zu präzise ausfallen und im übrigen immer wieder umzubilden sein. Damit eine wissenschaftliche Theorie endgültig wäre, müßte der Geist auf einen Schlag die Totalität der Dinge im ganzen umfassen und sie in ihren Bezügen zueinander exakt verorten können; in Wirklichkeit jedoch sind wir gezwungen, die Probleme nacheinander und jedes für sich zu stellen, in Begriffen, die ebendeshalb provisorische sind, so daß die Lösung eines jeden Problems immerfort durch die Lösung, die man den folgenden Problemen zukommen läßt, korrigiert werden muß und die Wissenschaft in ihrer Gesamtheit der kontingenten Reihenfolge relativ ist, in der die Probleme je nacheinander gestellt wurden. In diesem Sinne und in diesem Maß also muß man die Wissenschaft für konventional halten, doch eignet ihr die Konventionalität sozusagen de facto und nicht de jure. Im Prinzip hat die positive Wissenschaft die Realität selbst zum Gegenstand, vorausgesetzt, daß sie nicht den ihr eigenen Zuständigkeitsbereich verläßt, der in der leblosen Materie besteht.

So betrachtet gewinnt die wissenschaftliche Erkenntnis neuen Wert. Im Gegenzug wird die Erkenntnistheorie ein unendlich schwieriges Unterfangen, das die Kräfte der reinen Intelligenz übersteigt. Es reicht nämlich nicht mehr, mittels einer sorgsam durchgeführten Analyse die Kategorien des Denkens zu bestimmen, sondern es geht darum, sie erst erstehen zu lassen. Was den Raum betrifft, müßte man daher mit einer Anstrengung des Geistes von ganz eigener Art den Fortschritt, oder vielmehr den Rückschritt, des zur Räumlichkeit verfallenden Außerräumlichen verfolgen. Nehmen wir zunächst den höchstmöglichen Platz in unserem eigenen Bewußtsein ein, um uns dann nach und nach sinken zu lassen, so haben wir durchaus das Gefühl, daß unser Ich sich in leblose, einander äußerliche Erinnerungen auseinanderdehnt, anstatt sich in einen unteilbaren und handelnden Willen zusammenzuspannen. Doch das ist nur ein Anfang. Unser Bewußtsein weist uns, indem es die Bewegung andeutet, deren Richtung und läßt die Möglichkeit aufscheinen, daß diese sich bis zum Ende fortsetze; es selbst geht nicht so weit. Nehmen wir nun die Materie in den Blick, die uns zunächst mit dem Raum in eins zu fallen schien, so sehen wir im Gegenzug, daß je stärker wir unsere Aufmerksamkeit auf sie fixieren, um so stärker auch jene Teile, die wir als nebeneinander angeordnet bezeichnet hatten, ineinander übergehen, jeder von ihnen den Einfluß des Ganzen erfahrend, das in ihm folglich in gewisser Weise präsent ist. So wird die Materie, obgleich sie sich in Richtung auf den Raum entfaltet, doch niemals ganz in diesen münden: woraus man schließen kann, daß sie lediglich jene Bewegung sehr viel weiter fortsetzt, die das Bewußtsein in uns im Entstehungszustand anzudeuten vermochte. Wir halten also die beiden Enden der Kette in Händen, wenn es uns auch nicht gelingen will, die anderen Glieder zu fassen. Werden sie uns immer entgleiten? Man muß bedenken, daß die Philosophie, so wie wir sie definieren, noch nicht zum vollen Bewußtsein ihrer selbst erwacht ist. Die Physik hat ihre Rolle begriffen, wenn sie die Materie weiter in die Richtung der Räumlichkeit drängt; hatte jedoch die Metaphysik die ihre verstanden, als sie schlicht und einfach in die Fußstapfen der Physik trat, in der trügerischen Hoffnung, in derselben Richtung über diese hinausgehen zu können? Sollte im Gegenteil die ihr eigene Aufgabe nicht vielmehr darin bestehen, den Hang, den die Physik hinabgleitet, wieder hinaufzuklimmen, die Materie auf ihre Ursprünge zurückzuführen und nach und nach eine Kosmologie auszubilden, die, wenn man so sprechen darf, eine umgedrehte Psychologie wäre? Alles, was der Physik und der Geometrie *positiv* erscheint, würde von diesem neuen Standpunkt aus gesehen zu Unterbrechung oder Umkehrung der wahren Positivität, die in psychologischen Kategorien definiert werden müßte.

Gewiß, wenn man die bewundernswerte Ordnung der Mathematik bedenkt, die perfekte Harmonie der Gegenstände, mit denen sie sich beschäftigt, die den Zahlen und Figuren immanente Logik und die Gewißheit, in der wir uns befinden, ganz gleich, wie groß die Vielfalt und die Komplexität unserer Überlegungen zu einem selben Thema auch sein mögen, immer zu demselben Schluß zu kommen, dann wird man zögern, in diesen so positiv erscheinenden Eigenschaften ein System von Negationen und eher die Abwesenheit als die Anwesenheit einer wahren Realität zu sehen. Doch man darf nicht vergessen, daß unsere Intelligenz, die diese Ordnung feststellt und sie bewundert, eben in der Richtung jener Bewegung orientiert ist, die zur Materialität und Räumlichkeit ihres Gegenstandes führt. Je mehr Komplexität sie ihrem Gegenstand in der Analyse verleiht, um so komplexer wird die Ordnung sein, die sie in ihm findet. Und diese Ordnung und die Komplexität müssen bei ihr notwendig den Eindruck einer positiven Realität hinterlassen, da sie in die gleiche Richtung gehen wie sie selbst. *EC 207–210*

68. Die Möglichkeiten der Intelligenz

Eine Intelligenz, die reflektiert, ist eine Intelligenz, die über die praktisch nützlichen Anstrengungen hinaus noch einen Überschuß an Kraft zu verschenken hatte. Es ist ein Bewußtsein, das sich virtuell schon die Herrschaft über sich selbst zurückerobert hat. Allerdings muß diese Virtualität noch in den Akt überführt werden. Ohne die Sprache wäre die Intelligenz vermutlich den materiellen Gegenständen, deren Betrachtung ganz in ihrem Interesse lag, verhaftet geblieben. Sie hätte ihr Leben in einem schlafwandlerischen Zustand verbracht, außerhalb ihrer selbst und ganz im Banne ihrer Tätigkeit. Die Sprache hat viel zu ihrer Befreiung beigetragen. Das Wort, dazu geschaffen, von einer Sache auf eine andere überzugehen, ist nämlich seinem Wesen nach versetzbar und frei. Es könnte sich also nicht nur von einer wahrgenommenen auf eine andere wahrgenommene Sache ausdehnen, sondern auch noch von der wahrgenommenen Sache auf die Erinnerung dieser Sache, von der genauen Erinnerung auf ein flüchtigeres Bild und von einem flüchtigen, aber doch immer noch vorgestellten Bild auf die Vorstellung des Aktes, durch den man es sich vorstellt, das heißt auf die Idee. So wird sich dem Blick der Intelligenz, der nach außen gerichtet war, eine ganze innere Welt eröffnen, das Schauspiel ihrer eigenen Operationen. Sie wartete übrigens nur auf diese Gelegenheit. Sie profitiert davon, daß das Wort selbst ein Ding ist, um von ihm getragen ins Innere ihrer eigenen Tätigkeit einzudringen. Ihr primäres Gewerbe mag noch so sehr das Herstellen von Werkzeugen gewesen sein; diese Herstellung ist nur möglich durch den Gebrauch gewisser Mittel, die nicht exakt auf ihren Gegenstand zugeschnitten sind, die über ihn hinausreichen und so der Intelligenz eine zusätzliche, das heißt interesselose Tätigkeit erlauben. Von dem Tag an, an dem die Intelligenz, über ihre Vorgehensweisen reflektierend, sich selbst als Schöpferin von Ideen, als Vorstellungsvermögen im allgemeinen erfährt, gibt es keinen Gegenstand mehr, dessen Idee sie nicht besitzen will, sei er auch ohne direkten Bezug zur praktischen Handlung. Das ist der Grund, aus dem wir sagten, daß es Dinge gibt, die allein die Intelligenz suchen kann. Sie allein nämlich sorgt sich um die Theorie. Und ihre Theorie möchte alles umfassen, nicht nur die rohe Materie, auf die sie von Natur aus Zugriff hat, sondern auch das Leben und das Denken. *EC 159–160*

69. Der Status der Gesellschaft

Die wesentliche Zielsetzung von Instinkt und Intelligenz besteht darin, Instrumente zu gebrauchen: hier erfundene und folglich variable und unvorhergesehene Werkzeuge; dort von der Natur gestellte und folglich unveränderliche Organe. Das Instrument ist im übrigen für eine Tätigkeit bestimmt und diese Tätigkeit ist um so effektiver, je spezialisierter sie ist und je stärker sie folglich auf unterschiedlich qualifizierte Arbeiter aufgeteilt ist, die sich gegenseitig ergänzen. Das soziale Leben ist also als vages Ideal dem Instinkt wie der Intelligenz immanent; dieses Ideal findet seine vollständigste Verwirklichung im Bienenstock oder Ameisenstaat auf der einen und in den menschlichen Gesellschaften auf der anderen Seite. Ob menschlich oder tierisch, eine Gesellschaft ist eine Organisation; sie impliziert eine Koordination und im allgemeinen auch eine Subordination der Elemente untereinander: Sie bietet also, schlicht gelebt oder zusätzlich noch vorgestellt, ein Gesamt von Regeln oder Gesetzen. In einem Bienenstock oder einem Ameisenstaat jedoch ist das Individuum durch seine Struktur an seine Beschäftigung gefesselt und die Organisation relativ unveränderlich, während die menschliche Polis von variabler Form und für jeden Fortschritt offen ist. Daraus folgt, daß in den ersteren jede Regel von der Natur auferlegt ist und somit notwendig; während in den anderen eine einzige Sache von Natur aus besteht: die Notwendigkeit einer Regel. Je weiter man sich also in einer menschlichen Gesellschaft zu den Wurzeln der diversen Verpflichtungen vorangräbt, um zu der Verpflichtung im allgemeinen vorzudringen, um so mehr wird die Verpflichtung dazu tendieren, Notwendigkeit zu werden, und um so mehr wird sie sich in dem, was ihr an Zwingendem eignet, dem Instinkt annähern. Und nichtsdestoweniger irrte man sehr, wenn man eine einzelne Verpflichtung, welche es auch sei, auf den Instinkt zurückführen wollte. Was man sich immer wieder sagen muß, ist, daß, obgleich keine einzelne Verpflichtung instinktiver Natur ist, die Verpflichtung im ganzen Instinkt *gewesen wäre*, wenn die menschlichen Gesellschaften nicht in gewisser Weise Wandelbarkeit und Intelligenz als Ballast mitführten. Es ist ein virtueller Instinkt, wie jener, der hinter der Gewohnheit des Sprechens steht. Die Moral einer menschlichen Gesellschaft ist tatsächlich ihrer Sprache vergleichbar. Man muß beachten, daß den Ameisen, wenn sie, wie es wahrscheinlich erscheint, Zeichen austauschen, das Zeichen durch ebenjenen Instinkt vorgegeben ist, der sie miteinander kommunizieren läßt. Eine Sprache hingegen wird durch den Gebrauch hervorgebracht. Nichts, nicht im Vokabular und noch nicht einmal in der Syntax, ist naturgegeben. Doch es ist naturgegeben zu sprechen, und die unveränderlichen Zeichen natürlichen Ursprungs, die vermutlich in einer Gesellschaft von Insekten gebraucht werden, repräsentieren das, was unsere Sprache gewesen wäre, wenn die Natur, als sie uns das Sprachvermögen gewährte, diesem nicht jene Werkzeuge herstellende und gebrauchende und folglich erfinderische Funktion mitgegeben hätte, die die Intelligenz ist. Versetzen wir uns immer wieder darein zurück, was die Verpflichtung *gewesen wäre*, wenn die menschliche Gesellschaft instinktiv statt intelligent gewesen wäre: Wir würden so keine einzelne Verpflichtung im besonderen erklären, wir würden sogar von der Verpflichtung im allgemeinen eine Idee vermitteln, die falsch wäre, wenn man allein bei ihr stehenbliebe; und dennoch wird man, wie an ein Gegenstück zur intelligenten Gesellschaft, an diese instinktive Gesellschaft denken müssen, wenn man sich nicht ohne

Leitfaden auf die Suche nach den Fundamenten der Moral begeben will. *MR 22–23*

70. Die Möglichkeiten der Gesellschaft

Das Leben hätte es übrigens dabei bewenden lassen können und nichts weiter tun, als geschlossene Gesellschaften zu bilden, deren Glieder durch strikte Verpflichtungen aneinander gebunden gewesen wären. Aus intelligenten Wesen zusammengesetzt, hätten diese Gesellschaften eine Wandelbarkeit geboten, die man in den tierischen, vom Instinkt regierten Gesellschaften nicht findet; doch die Variation wäre nicht so weit gegangen, zum Traum von einer radikalen Transformation zu ermutigen; die Menschheit hätte sich nicht in dem Maße modifiziert, daß eine einzige Gesellschaft, die alle Menschen umfaßt, als möglich erschienen wäre. Faktisch existiert diese noch nicht und wird vielleicht niemals existieren: Indem die Natur dem Menschen die moralische Struktur verlieh, derer er bedurfte, um in einer Gruppe zu leben, hat sie für die Spezies vermutlich alles getan, was sie konnte. Doch ebenso wie sich geniale Menschen einfanden, um die Grenzen der Intelligenz hinauszuschieben, und somit von Zeit zu Zeit einzelnen Individuen weit mehr gewährt wurde, als es möglich war, der Spezies auf einen Schlag zuteil werden zu lassen, so sind privilegierte Seelen aufgetreten, die sich allen Seelen verwandt fühlten und die sich, anstatt in den Grenzen der Gruppe zu bleiben und sich auf den von der Natur hergestellten Zusammenhalt zu beschränken, von einem Liebesschwung getragen der Menschheit im allgemeinen entgegenstreckten. Das Erscheinen einer jeden von ihnen war wie die Schöpfung einer neuen, nur aus einem einzigen Individuum bestehenden Art, wobei der Lebensdrang von Zeit zu Zeit in einem bestimmten Menschen ein Ergebnis erzielte, das nicht auf einen Schlag für das Gesamt der Menschheit erreichbar war. Jede von ihnen markierte so einen bestimmten Punkt, den die Evolution des Lebens erreicht hat; und jede von ihnen manifestierte in einer ganz eigenen Form eine Liebe, die das Wesen des schöpferischen Strebens selbst zu sein scheint. Die schöpferische Emotion, die diese privilegierten Seelen überwältigte und die ein Überströmen von Vitalität war, hat sich um sie herum ausgebreitet: Als Enthusiasten strahlten sie einen Enthusiasmus aus, der nie ganz verloschen ist und dessen Flamme immer aufs neue entfacht werden kann. Wenn wir heute diese großen guten Menschen in Gedanken wieder auferstehen lassen, wenn wir sie sprechen hören und wenn wir sie handeln sehen, dann spüren wir, daß sie uns etwas von ihrem Feuer übertragen und uns in ihrer Bewegung mitreißen: Es ist dann nicht mehr ein mehr oder weniger abgemilderter Zwang, es ist eine mehr oder weniger unwiderstehliche Anziehung. Doch bedarf diese zweite Kraft ebensowenig einer Erklärung wie die erste. Es ist unmöglich, den Halbzwang, der durch die Gewohnheiten ausgeübt wird, die symmetrisch dem Instinkt entsprechen, nicht als gegeben zu nehmen, und es ist ebenso unmöglich, diese Erhebung der Seele, die die Emotion ist, nicht zu setzen: Im einen Fall hat man die ursprüngliche Verpflichtung und im anderen etwas, das deren Weiterführung wird, doch in beiden Fällen steht man Kräften gegenüber, die nicht eigentlich und ausschließlich ethisch sind und deren Genese nicht der Ethiker zu geben hat. Eben weil sie diese geben wollten, haben die Philosophen den gemischten Charakter der Verpflichtung in ihrer faktischen Form verkannt; sie haben dann dieser oder jener Vorstellung der Intelligenz die Macht beilegen müssen, den Willen mitzureißen: als ob eine Idee jemals kategorisch ihre eigene Verwirklichung verlangen könnte! Als ob die Idee hier etwas anderes wäre als das allgemeine intellektuelle Extrakt – oder besser: die Projektion auf die intellektuelle Ebene – eines Gesamts von Tendenzen und Bestrebungen, von denen die einen über und die anderen unter der reinen Intelligenz stehen! Stellen wir also die ursprüngliche Dualität wieder her – und die Schwierigkeiten verflüchtigen sich. Und die Dualität selbst wird von der Einheit resorbiert, da »gesellschaftlicher

Druck« und »Liebesschwung« nur zwei komplementäre Manifestationen des Lebens sind, die normalerweise darum bemüht sind, im großen und ganzen die soziale Form zu bewahren, die für die menschliche Spezies vom Ursprung an charakteristisch war, die aber in Ausnahmefällen dazu imstande sind, sie zu transfigurieren, dank gewisser Individuen, von denen jedes, gleich dem Erscheinen einer neuen Art, eine Anstrengung schöpferischer Evolution darstellt. *MR 97–99*

71. Der Status und die Möglichkeiten der Religion

[...] das intelligente Wesen lebt nicht mehr nur in der Gegenwart; es gibt keine Reflexion ohne Voraussicht, keine Voraussicht ohne Beunruhigung und keine Beunruhigung ohne eine momenthafte Erschlaffung der Bindung an das Leben. Insbesondere gibt es keine Menschheit ohne Gesellschaft, und die Gesellschaft verlangt vom Individuum eine Uneigennützigkeit, die das Insekt in seinem Automatismus bis zur vollständigen Selbstvergessenheit vorantreibt. Auf die Reflexion darf man, was die Unterstützung dieser Uneigennützigkeit anbelangt, nicht zählen. Die Intelligenz, wenn es nicht gerade diejenige eines subtilen utilitaristischen Philosophen ist, wird zum Egoismus raten. Nach zwei Seiten hin also erforderte sie ein Gegengewicht. Oder vielmehr war sie schon damit versehen, da die Natur, um es noch einmal zu sagen, die Wesen nicht aus Teilen und Stücken zusammensetzt: Das, was in seiner Manifestation multipel ist, kann in seiner Genese einfach sein. Eine aufkommende Spezies bringt in der Unteilbarkeit des sie setzenden Aktes all die Einzelheiten dessen mit, was sie lebensfähig macht. Jenes Innehalten des schöpferischen Schwunges selbst, das sich in dem Auftreten unserer Spezies geäußert hat, hat mit der menschlichen Intelligenz, im Inneren der menschlichen Intelligenz, die fabulatorische Funktion gegeben, die die Religionen ausbildet. Das also ist die Rolle, das die Bedeutung der Religion, die wir statisch oder natürlich genannt haben. Die Religion ist das, was bei den mit Reflexion begabten Wesen ein eventuelles Defizit in der Bindung an das Leben ausgleichen soll.

Es ist wahr, daß man sofort eine andere mögliche Lösung des Problems erblickt. Die statische Religion bindet den Menschen an das Leben und folglich das Individuum an die Gesellschaft, indem sie ihm Geschichten erzählt, die denen vergleichbar sind, mit denen man Kinder in den Schlaf wiegt. Zweifellos sind das keine Geschichten wie die anderen. Da sie aus der fabulatorischen Funktion mit Notwendigkeit hervorgehen und nicht zum schlichten Vergnügen, ahmen sie die wahrgenommene Wirklichkeit so gut nach, daß sie sich in Handlungen fortsetzen: Die anderen Schöpfungen der Einbildungskraft haben diese Tendenz, aber sie verlangen nicht, daß wir dem nachgeben; sie können im Zustand von Ideen verbleiben; jene im Gegenteil sind ideomotorisch. Es sind deshalb um nichts weniger Fabeln, die kritische Geister, wie wir gesehen haben, de facto oft akzeptieren werden, die sie de jure aber zurückweisen müßten. Das aktive, sich bewegende Prinzip, dessen bloßes Haltmachen an einem äußersten Punkt sich in der Menschheit ausgedrückt hat, fordert zweifellos von allen geschaffenen Arten, daß sie sich an das Leben klammern. Doch wie wir einst gezeigt haben: Wenn dieses Prinzip alle Arten in ihrer Gesamtheit gibt – nach Art eines Baumes, der in alle Richtungen Zweige austreibt, die in Knospen enden –, dann ist es das Depot einer frei schöpferischen Energie in der Materie, ist es der Mensch oder irgendein anderes Wesen gleicher Bedeutung – wir sagen nicht gleicher Form –, der der Sinn der Existenz dieser gesamten Entwicklung ist. Das Gesamt hätte dem, was es ist, weit überlegen sein können, und so verhält es sich vermutlich in Welten, in denen der Strom durch eine weniger widerspenstige Materie schießt. Und ebenso hätte der Strom auch niemals freie Bahn finden können, nicht einmal in diesem ungenügenden Maße, in welchem Fall auf unserem Planeten niemals die Qualität und die Quantität schöpferischer Energie frei geworden wären, die die menschliche Form darstellt. In jedem Fall aber ist das Leben für den Menschen etwas mindestens ebenso Begehrenswertes, sogar Begehrenswerteres als für die anderen Arten, da jene es als einen von der schöpferischen Energie nebenbei erzielten Effekt hinnehmen, wogegen es beim Menschen der von diesem Streben erzielte Erfolg selbst ist, so unvollständig und prekär er auch sei. Warum also sollte der Mensch dann nicht das Vertrauen, das ihm fehlt oder das die Reflexion erschüttern konnte, wiederfinden, indem er, um wieder Schwung zu holen, in der Richtung zurückgeht, aus der der Schwung gekommen war? Dies kann ihm nicht durch die Intelligenz oder jedenfalls nicht allein mit der Intelligenz gelingen: Diese ginge eher in die umgekehrte Richtung; sie hat eine spezielle Bestimmung, und wenn sie sich in ihren Spekulationen erhebt, dann läßt sie uns höchstens Möglichkeiten erkennen, berührt aber keine Wirklichkeit. Wir wissen aber, daß um die Intelligenz ein vager und sich verflüchtigender Saum von Intuition verblieben ist. Könnte man diesen nicht festhalten, verstärken und vor allem zur Handlung vervollständigen, da er nur durch eine Abschwächung seines Prinzips und, wenn man sich so ausdrücken darf, eine auf sich selbst angewandte Abstraktion zur reinen Schau geworden ist?

Eine dieser Anstrengung fähige und würdige Seele würde sich nicht einmal fragen, ob das Prinzip, mit dem sie nun in Kontakt steht, die transzendente Ursache aller Dinge ist oder nur deren irdische Delegation. Es würde ihr genügen, zu spüren, daß sie sich, ohne daß ihre Persönlichkeit davon absorbiert wird, von einem Wesen durchdringen läßt, das unermeßlich viel mehr vermag als sie – wie das Eisen vom Feuer, das es erglühen läßt. Ihre Bindung an das Leben wäre fortan ihre Untrennbarkeit von diesem Prinzip, Freude in der Freude, Liebe zu dem, was nichts als Liebe ist. Und der Gesellschaft würde sie sich dazu noch hingeben, jedoch einer Gesellschaft, die dann die ganze Menschheit wäre, geliebt in der Liebe zu dem, was ihr Prinzip ist. Das Vertrauen, das die statische Religion dem Menschen brachte, fände sich verwandelt und verklärt: keine Sorge um die Zukunft mehr, keine beunruhigte Rückwendung auf sich selbst; der Gegenstand würde materiell nicht mehr der Mühe wert sein und geistig eine zu hohe Bedeutung annehmen. Nun ist es eine Loslösung von jeder Sache im besonderen, aus der die Bindung an das Leben im allgemeinen bestünde. Aber sollte man dann noch von Religion sprechen? Oder hätte man dann für alles Vorhergehende schon dieses Wort verwenden sollen? Unterscheiden sich diese zwei Dinge nicht in einem Maße, daß sie sich gegenseitig ausschließen und nicht mit demselben Namen gerufen werden können?

Es gibt dennoch viele Gründe, in beiden Fällen von Religion zu sprechen. Zunächst mag die Mystik – denn sie ist es, an die wir denken – die Seele noch so sehr auf eine andere Ebene transportieren: Sie sichert ihr deshalb doch nicht weniger und in einer herausragenden Form die Sicherheit und die innere Ruhe, die zu verschaffen die Funktion der statischen Religion ist. Doch insbesondere muß man beachten, daß die reine Mystik ein seltener Saft ist, daß man sie zumeist in verdünntem Zustand antrifft, sie darum aber nicht weniger ihre Farbe und ihren Duft auf die Masse überträgt, mit der sie sich vermischt, und daß man sie bei ihr belassen muß, praktisch von ihr untrennbar, wenn man sie in ihrem Wirken erfassen will, denn so hat sie sich letztlich in der Welt durchgesetzt. Wenn man sich auf diesen Standpunkt stellt, würde man eine Reihe von Übergängen erblicken und gleichsam Gradunterschiede, wo in Wirklichkeit ein radikaler Wesensunterschied besteht. *MR 222–225*

72. Der Mystiker

Denn die Liebe, die ihn verzehrt, ist nicht mehr schlicht die Liebe eines Menschen zu Gott, es ist die Liebe Gottes zu allen Menschen. Durch Gott hindurch, kraft Gottes liebt er die gesamte Menschheit mit einer göttlichen Liebe. Es ist nicht die Brüderlichkeit, die die Philosophen im Namen der Vernunft empfohlen haben, indem sie argumentierten, daß alle Menschen ursprünglich Teilhaber eines selben vernünftigen Wesens sind: Vor einem so vornehmen Ideal wird man sich mit Ehrfurcht verneigen; man wird sich anstrengen, es zu verwirklichen, wenn es für das Individuum und die Gemeinschaft nicht zu unbequem ist; man wird sich ihm aber nicht mit Leidenschaft verschreiben. Oder wenn doch, so deshalb, weil man in irgendeiner Ecke unserer Zivilisation den berauschenden Duft eingesogen hat, den die Mystik dort hinterließ. Und hätten die Philosophen selbst mit einer derartigen Sicherheit das der geläufigen Erfahrung so wenig entsprechende Prinzip des gleichen Anteils aller Menschen an einem höheren Wesen aufgestellt, wenn sich keine Mystiker gefunden hätten, um die gesamte Menschheit in einer einzigen unteilbaren Liebe zu umfangen? Es handelt sich hier also nicht um die Brüderlichkeit, deren Idee man gebildet hat, um ein Ideal daraus zu machen. Und es handelt sich auch nicht um die Intensivierung einer angeborenen Sympathie des Menschen für den Menschen. Bezüglich eines solchen Instinkts kann man sich im übrigen fragen, ob er je woanders als in der Phantasie der Philosophen existiert hat, der er aus Gründen der Symmetrie entsprungen ist. Familie, Vaterland, Menschheit scheinen wie immer größere Kreise, und man hat gedacht, daß der Mensch von Natur aus die Menschheit lieben müsse, so wie man sein Vaterland und seine Familie liebt, wogegen in Wirklichkeit die familiäre Gruppierung und die soziale Gruppierung die einzigen sind, die von der Natur gewollt sind, die einzigen, denen Instinkte entsprechen, und wogegen die sozialen Instinkte die Gesellschaften viel eher dazu bringen, gegeneinander zu kämpfen als sich zusammenzuschließen, um sich tatsächlich als Menschheit zu konstituieren. Höchstens könnte das familiäre und soziale Gefühl gelegentlich überfließen und so – im Überfluß oder im Spiel – über seine natürlichen Grenzen hinaus zur Anwendung kommen; doch wird das niemals sehr weit gehen. Ganz anders ist die mystische Liebe der Menschheit. Sie führt nicht einen Instinkt weiter und sie leitet sich nicht aus einer Idee ab. Sie ist weder etwas Sinnliches noch etwas Rationales. Sie ist implizit beides und in Wirklichkeit sehr viel mehr. Denn eine solche Liebe steht an der Wurzel selbst von Empfindsamkeit und Vernunft, wie aller übrigen Dinge. Da sie mit der Liebe Gottes zu seinem Werk zusammenfällt, einer Liebe, die alles gemacht hat, würde sie demjenigen, der sie zu befragen versteht, das Geheimnis der Schöpfung verraten. Sie ist eher noch metaphysischen als ethischen Wesens. Sie möchte, mit Gottes Hilfe, die Schöpfung der menschlichen Spezies vollenden und aus der Menschheit das machen, was sie sofort gewesen wäre, wenn sie sich endgültig und ohne die Hilfe des Menschen selbst zu konstituieren vermocht hätte. Oder, um Worte zu verwenden, die, wie wir sehen werden, dasselbe in einer anderen Sprache sagen: Ihre Richtung ist die des Lebensschwunges selbst; sie ist dieser Schwung selbst, der sich in seiner Ganzheit auf privilegierte Menschen übertragen hat, die ihn dann der gesamten Menschheit aufprägen möchten und durch einen verwirklichten Widerspruch dieses geschaffene Ding, was eine Spezies ist, in ein schöpferisches Streben verwandeln wollen, eine Bewegung aus dem machen, was per definitionem ein Stillstand ist.

Wird es ihr gelingen? Wenn die Mystik die Menschheit transformieren soll, dann kann dies nur geschehen, indem sie allmählich von einem zum nächsten einen Teil ihrer selbst überträgt. Die Mystiker spüren dies wohl. Das große Hindernis, auf das sie stoßen werden, ist ebenjenes, das die Schöpfung einer göttlichen Menschheit verhindert hat. Der Mensch muß im Schweiße seines Angesichts sein Brot verdienen: Mit anderen Worten, die Menschheit ist eine tierische Spezies und als solche dem Gesetz unterworfen, das die Tierwelt regiert und das die Lebenden dazu verdammt, sich am Lebenden zu weiden. Da ihm seine Nahrung folglich streitig gemacht wird, sowohl von der Natur im allgemeinen als auch von seinen Artgenossen, richtet er seine Anstrengungen notwendig darauf, sie sich zu verschaffen, seine Intelligenz ist eben gerade dazu gemacht, ihm Waffen und Werkzeuge im Hinblick auf diesen Kampf und diese Arbeit zu liefern. Wie sollte die Menschheit unter diesen Bedingungen eine wesensmäßig auf die Erde geheftete Aufmerksamkeit gen Himmel wenden? Wenn dies möglich ist, so nur durch die gleichzeitige oder aufeinanderfolgende Anwendung von zwei sehr verschiedenen Methoden. Die erste bestünde darin, die intellektuelle Tätigkeit so sehr zu intensivieren, die Intelligenz so weit über das hinaus zu tragen, was die Natur für sie vorgesehen hatte, daß das einfache Werkzeug den Platz räumt für ein immenses System von Maschinen, die imstande sind, die menschliche Aktivität zu befreien, wobei diese Befreiung durch eine politische und soziale Organisation gefestigt wird, die dem Maschinismus seine wahre Bestimmung sichert. Ein gefährliches Mittel, da die Mechanik sich in ihrer Entwicklung gegen die Mystik kehren kann: Ja, es sogar in scheinbarer Reaktion gegen diese ist, daß die Mechanik sich am vollständigsten entwickeln wird. Doch es gibt Risiken, die man auf sich nehmen muß: Eine Aktivität höherer Ordnung, die einer niedrigeren Aktivität bedarf, muß diese erregen oder sie jedenfalls gewähren lassen, allerdings bereit, sich zu verteidigen, wenn es nötig ist; die Erfahrung zeigt, daß, wenn von zwei gegensätzlichen, aber komplementären Tendenzen die eine in dem Maße angewachsen ist, daß sie allen Raum einnehmen will, die andere, sofern sie sich zu erhalten wußte, durchaus gut dabei fährt: Sie wird wieder an die Reihe kommen, und sie wird dann von all dem profitieren, was ohne sie getan worden ist, was sogar mit aller Kraft allein gegen sie gerichtet war. Wie dem auch sei, dieses Mittel konnte erst sehr viel später angewendet werden, und es galt in der Zwischenzeit eine ganz andere Methode zu verfolgen. Diese bestand darin, nicht eine sofortige allgemeine, offensichtlich unmögliche Ausbreitung für den mystischen Schwung zu erträumen, sondern ihn, wenn auch schon abgeschwächt, einer kleinen Anzahl Privilegierter zu übertragen, die gemeinsam eine spirituelle Gesellschaft bilden würden; die Gesellschaften dieser Art könnten ausschwärmen, und jede von ihnen würde durch jene ihrer Mitglieder, die außergewöhnlich begabt wären, eine oder mehrere andere ins Leben rufen; so würde der Schwung sich bewahren und fortsetzen, bis zu dem Tag, an dem ein tiefer Wandel der materiellen Bedingungen, die der Menschheit von der Natur auferlegt sind, eine radikale Transformation auf spiritueller Seite erlauben würde. Das ist die Methode, die die großen Mystiker verfolgt haben. Aus Notwendigkeit und weil sie nicht mehr tun konnten als dies, verwendeten sie ihre überreiche Energie insbesondere darauf, Klöster oder religiöse Orden zu gründen. Sie brauchten für den Moment nicht weiter voraus zu schauen. Der Liebesschwung, der sie dazu trieb, die Menschheit bis zu Gott zu erheben und die göttliche Schöpfung zu vollenden, konnte in ihren Augen nur mit Gottes Hilfe zum Ziel gelangen, deren Instrumente sie waren. All ihre Anstrengungen mußten sich also auf eine sehr große, sehr schwierige, aber begrenzte Aufgabe konzentrieren. Andere Anstrengungen würden folgen, wieder andere waren im übrigen schon vorausgegangen; alle würden zusammenlaufen, da Gott ihre Einheit bildete. *MR 247–251*

C) Zusammenfassung

73. Die Realität der Zeit

[...] das Nacheinander existiert, ich habe davon ein Bewußtsein, es ist eine Tatsache. Wenn ein physikalischer Prozeß vor meinen Augen abläuft, dann liegt es weder an meiner Wahrnehmung noch an meiner Neigung, ihn zu beschleunigen oder zu verlangsamen. Was für den Physiker zählt, ist die *Anzahl* der Dauer-Einheiten, die der Prozeß ausfüllt: Um die Einheiten selbst braucht er sich nicht zu kümmern, und darum könnten die aufeinanderfolgenden Zustände der Welt auf einen einzigen Schlag im Raume hingebreitet sein, ohne daß dies etwas an seiner Wissenschaft ändern würde und ohne daß er darum aufhören würde, von Zeit zu sprechen. Für uns bewußte Wesen hingegen sind die Einheiten selbst das Wichtige, denn wir zählen nicht Grenzpunkte von Intervallen, sondern wir fühlen und erleben die Intervalle selbst. Nun haben wir aber ein Bewußtsein von diesen Intervallen als *bestimmten* Intervallen. Ich komme immer auf mein Glas Zuckerwasser zurück:* Warum muß ich warten, bis der Zucker schmilzt? Während die Dauer des Phänomens für den Physiker relativ ist, insofern sie sich auf eine gewisse Anzahl von Zeiteinheiten reduziert und diese Einheiten selbst sind, was immer man will, ist sie für mein Bewußtsein ein Absolutes, da sie mit einem gewissen Grad an Ungeduld zusammenfällt, der seinerseits genau bestimmt ist. Woher kommt diese Bestimmtheit? Was nötigt mich zu warten, und zwar während einer bestimmten Länge psychologischer Dauer zu warten, die sich aufzwingt, gegen die ich nichts vermag? Wenn das Nacheinander, als von dem bloßen Nebeneinander unterschiedenes, keine reale Wirksamkeit besitzt, wenn die Zeit nicht eine Art Kraft ist, warum laufen dann die aufeinanderfolgenden Zustände des Universums mit einer Geschwindigkeit ab, die in den Augen meines Bewußtseins ein echtes Absolutes ist? Warum mit dieser bestimmten Geschwindigkeit und nicht vielmehr mit irgendeiner anderen? Warum nicht mit unendlicher Geschwindigkeit? Woher kommt es, mit anderen Worten, daß das Ganze nicht auf einen einzigen Schlag gegeben ist wie auf dem kinematographischen Film? Je mehr ich diesen Punkt vertiefe, um so deutlicher erscheint mir: Wenn die Zukunft dazu verdammt ist, *nach* der Gegenwart *zu folgen,* statt neben ihr gegeben zu sein, so deshalb, weil sie im Moment der Gegenwart noch nicht vollständig bestimmt ist – und wenn die von diesem Nacheinander beanspruchte Zeit etwas anderes ist als eine Zahl, wenn sie für das in sie hineinversetzte Bewußtsein einen absoluten Wert und absolute Realität besitzt, dann deshalb, weil sich

* Siehe S. 11 [Verweis auf die Einführung des Beispiels im ersten Kapitel der *Evolution créatrice*, vgl. hier Text 3, S. 18, A. d. Ü.].

darin ohne Unterlaß, wenn auch zweifellos nicht in diesem oder jenem künstlich isolierten System, wie einem Glas Zuckerwasser, aber doch in dem konkreten Ganzen, mit dem dieses System eine Einheit bildet, Unvorhersehbares und Neues erschafft. Diese Dauer mag nun nicht von der Materie selbst herrühren, sondern vom LEBEN, das gegen deren Strom zurückschwimmt: Die beiden Bewegungen hängen deshalb nichtsdestoweniger miteinander zusammen. *Die Dauer des Universums muß also eins sein mit dem Schöpfungsfreiraum, der darin Platz finden kann.* *EC 338–339*

74. Die Schöpfungsidee

Das über die Existenz des Universums sich breitende Mysterium rührt in der Tat zu einem großen Teil daher, daß wir darauf beharren, daß entweder das Universum auf einen einzigen Schlag entstanden oder aber alle Materie ewig sein müsse. Ob man also von Schöpfung spricht oder eine ungeschöpfte Materie setzt, in beiden Fällen ist es die Totalität des Universums, die man zur Diskussion stellt. Wenn man dieser Gewohnheit des Geistes auf den Grund geht, trifft man dort auf [...] die den Materialisten und ihren Gegnern gemeinsame Idee, daß es keine wahrhaft wirksame Dauer gibt und daß das Absolute – sei es Materie oder Geist – nicht in die konkrete Zeit eingehen kann, jene Zeit, von der wir spüren, daß sie der Stoff unseres Lebens ist; woraus folgen würde, daß alles ein für allemal gegeben ist und daß man von aller Ewigkeit an entweder die materielle Vielheit selbst setzen müsse oder aber den Schöpfungsakt dieser Vielheit, als einen en bloc in der göttlichen Wesenheit gegebenen. Ist dieses Vorurteil einmal ausgerottet, gewinnt die Idee der Schöpfung an Klarheit, da sie mit der des Anwachsens verschmilzt. Dann aber ist es nicht mehr das Universum in seiner Totalität, von dem wir sprechen müssen. [...]

Alles bleibt dunkel in der Idee der Schöpfung, wenn man, so wie man es gewöhnlich tut und so wie der Verstand es nicht lassen kann, an *Dinge* denkt, die erschaffen werden, und an ein *Ding*, das erschafft. [...] Doch Dinge und Zustände sind nur Anblicke, die unser Geist vom Werden festhält. Es gibt keine Dinge, es gibt nur Handlungen. Genauer gesagt, wenn ich die Welt betrachte, in der wir leben, so sehe ich, daß die automatische und streng determinierte Evolution dieses gut verknüpften Ganzen zergehende Handlung ist und daß die unvorhergesehenen Formen, die das Leben darin abgrenzt, Formen, die fähig sind, sich selbst in unvorhergesehenen Bewegungen weiterzuführen, entstehende Handlung darstellen. Nun aber habe ich allen Grund zu glauben, daß die anderen Welten der unseren analog sind und daß die Dinge sich dort in derselben Art und Weise abspielen. Und ich weiß, daß sie nicht alle zur gleichen Zeit entstanden sind, da mir die Beobachtung auch heute noch kosmische Nebel zeigt, die erst auf dem Wege der Verdichtung sind. Wenn es überall dieselbe Art von Handlung ist, die sich vollzieht, sei es, daß sie zergeht oder daß sie versucht, sich zu erneuern, dann drücke ich nur diese wahrscheinliche Ähnlichkeit aus, wenn ich von einem Zentrum spreche, aus dem die Welten emporschießen wie die Raketen eines riesigen Feuerwerksbuketts – vorausgesetzt, daß ich dieses Zentrum nicht als ein *Ding* ausgebe, sondern als eine Kontinuität des Emporschießens. So definiert, hat Gott nichts fertig Abgeschlossenes an sich; er ist unaufhörliches Leben, Handlung, Freiheit. Die so verstandene Schöpfung ist kein Mysterium, wir erfahren sie in uns selbst, sobald wir frei handeln. Daß neue Dinge zu den bereits existierenden Dingen hinzutreten könnten, ist ganz ohne Zweifel absurd, denn das *Ding* resultiert aus einer durch unseren Verstand vollzogenen Verfestigung, und es wird niemals andere Dinge geben als diejenigen, die der Verstand konstituiert hat. Von Dingen zu sprechen, die erst entstehen, liefe also darauf hinaus, zu sagen, der Verstand setze mehr, als er setzt – eine selbstwidersprüchliche Behauptung, eine eitle und leere Vorstellung. Daß jedoch die Handlung im Voranschreiten wächst, daß sie im Laufe ihres Fortschrittes nach und nach etwas erschafft, das stellt jeder von uns fest, wenn er sich handeln sieht. Die Dinge konstituieren sich durch den momenthaften Schnitt, den der Verstand zu einem bestimmten Zeitpunkt von einem solchen Fließen anfertigt, und was mysteriös ist, wenn man die Schnitte untereinander vergleicht, wird klar, wenn man sich in das Fließen zurückversetzt. Selbst die Modalitäten der schöpferischen Handlung, insoweit diese in der organischen Strukturbildung von Lebensformen ihren Fortgang nimmt, vereinfachen sich auf einzigartige Weise, wenn man von dieser Seite an sie herantritt. Vor der Komplexität eines Organismus und der quasi unendlichen Vielheit von ineinander verschlungenen Analysen und Synthesen, die diese voraussetzt, weicht unser Verstand verstört zurück. Daß das bloße Spiel physikalischer und chemischer Kräfte dieses Wunderwerk vollbringen könne, fällt uns schwer zu glauben. Und wenn es eine tiefe Weisheit ist, die hier zu Werke schreitet, wie kann man dann den von dieser Form ohne Materie auf die Materie ohne Form ausgeübten Einfluß verstehen? Doch die Schwierigkeit wird dadurch geboren, daß man sich vorgefertigte und aneinandergereihte materielle Partikel statisch vorstellt und ebenso statisch eine äußere Ursache, die ihnen eine kunstvolle organische Struktur aufdrücken würde. In Wirklichkeit ist das Leben eine Bewegung und die Materialität die umgekehrte Bewegung, und jede der beiden Bewegungen ist eine einfache. So ist die Materie, die eine Welt bildet, ein ungeteiltes Fließen, und ebenso ungeteilt ist das Leben, welches dieses durchquert und dabei die Lebewesen in ihm ausschneidet. Von diesen beiden Strömen leistet der zweite dem ersten Widerstand, wobei allerdings der erste auch etwas vom zweiten bekommt: Daraus resultiert ein *modus vivendi* zwischen ihnen, welcher eben gerade die organische Strukturbildung ist. Diese organische Struktur nimmt für unsere Sinne und unsere Intelligenz die Form von einander in der Zeit und im Raum vollkommen äußerlichen Teilen an. Nicht nur verschließen wir unsere Augen vor der Einheit des Schwunges, der, die Generationen durchquerend, die Individuen mit den Individuen und die Arten mit den Arten verbindet und aus der gesamten Folge der Lebenden eine einzige riesenhafte Welle macht, die über die Materie läuft, sondern auch jedes Individuum selbst erscheint uns als ein Aggregat, ein Aggregat von Molekülen und ein Aggregat von Vorgängen. Der Grund dafür ließe sich in der Struktur unserer Intelligenz finden, die dazu geschaffen ist, von außen auf die Materie einzuwirken, und der dies nur gelingt, wenn sie vom Fließen des Realen momenthafte Schnitte anfertigt, von denen jeder einzelne in seiner Fixiertheit unbegrenzt zerlegbar wird. Da er in einem Organismus lediglich einander äußerliche Teile sieht, hat der Verstand nur die Wahl zwischen zwei Erklärungssystemen: Entweder er hält die unendlich komplexe (und dadurch unendlich kunstvolle) organische Struktur für eine zufällige Zusammenstellung, oder er führt sie auf den unverständlichen Einfluß einer äußeren Kraft zurück, welche die Elemente in dieser Weise gruppiert hätte. Doch diese Komplexität ist das Werk des Verstandes, und ebenso auch diese Unverständlichkeit. Versuchen wir indessen nicht mehr nur mit den Augen der Intelligenz allein zu sehen, die nur das schon fertige erfaßt und nur von außen her schaut, sondern mit dem Geist, will sagen mit jenem Sehvermögen, das dem Handlungsvermögen immanent ist und in gewisser Weise aus der Krümmung des Willens über sich selbst entspringt, so würde sich alles in Bewegung zurückversetzen, alles sich in Bewegung auflösen. Wo der Verstand, an dem als unbewegt vorausgesetzten Bild der im Verlauf befindlichen Handlung sich abarbeitend, uns unendlich vielfältige Teile und eine unendlich kunstvolle Ordnung zeigte, erahnen wir nun einen einfachen Prozeß, eine Handlung, die entsteht, durch eine Handlung derselben Art hindurch, die zergeht, etwas wie der Weg, den sich die letzte Rakete des Feuerwerks durch die hinabsinkenden Trümmer ihrer bereits erloschenen Vorgänger bahnt. *EC 241–242, 249–251*

75. Dauer und Freiheit

Es ist also eine plumpe, von der Sprache zum Narren gehaltene Psychologie, die uns die Seele durch eine Sympathie, eine Aversion oder einen Haß bestimmt zeigt, wie durch lauter Kräfte, die auf ihr lasten. Jedes dieser Gefühle, vorausgesetzt, es hat eine hinreichende Tiefe erreicht, repräsentiert jeweils die gesamte Seele, in dem Sinne, daß der ganze Inhalt der Seele sich in jedem von ihnen widerspiegelt. Zu sagen, daß die Seele sich unter dem Einfluß von einem dieser Gefühle bestimmt, heißt also anzuerkennen, daß sie sich selbst bestimmt. Der Assoziationist reduziert das Ich auf ein Aggregat von Bewußtseinstatsachen, Empfindungen, Gefühlen und Ideen. Doch wenn er in diesen Zuständen um nichts mehr sieht, als ihr Name ausdrückt, wenn er von ihnen nur den unpersönlichen Aspekt zurückbehält, dann wird er sie unbegrenzt nebeneinanderreihen können, ohne je etwas anderes als ein Phantom-Ich zu erreichen, den in den Raum geworfenen Schatten des Ich. Nimmt er aber im Gegenteil diese psychologischen Zustände mit der je besonderen Färbung, die sie bei einer bestimmten Person annehmen und die einem jeden von ihnen durch den Widerschein all der anderen zukommt, dann braucht man keineswegs mehrere Bewußtseinstatsachen zusammenzufügen, um die Person zu rekonstituieren: Sie ist ganz in einem einzigen von ihnen, vorausgesetzt, man versteht ihn zu wählen. Und die äußere Manifestation dieses inneren Zustands wird gerade genau das sein, was man eine freie Handlung nennt, da das Ich allein ihr Autor gewesen sein wird, da sie das gesamte Ich zum Ausdruck bringen wird. In diesem Sinne weist die Freiheit nicht den absoluten Charakter auf, den der Spiritualismus ihr manchmal zuschreibt; sie läßt Grade zu. – Denn es ist bei weitem nicht so, daß alle Bewußtseinszustände sich mit ihren Artgenossen vermischen, wie Regentropfen mit dem Wasser eines Weihers. Das Ich, insofern es einen homogenen Raum wahrnimmt, weist eine gewisse Oberfläche auf, und auf dieser Oberfläche können sich unabhängige Vegetationen bilden und lose treiben. So vermengt sich eine im Zustand der Hypnose empfangene Suggestion nicht mit der Masse der Bewußtseinstatsachen; sondern mit einer eigenen Vitalität begabt, wird sie, wenn ihre Stunde gekommen ist, den Platz der Person selbst einnehmen. Ein heftiger Zorn, der durch irgendeinen zufälligen Umstand hervorgerufen wurde, ein erbliches Laster, das plötzlich aus den dunklen Tiefen des Organismus zur Oberfläche des Bewußtseins emporsteigt, wirken ungefähr so wie eine hypnotische Suggestion. Neben diesen unabhängigen Elementen wird man komplexere Reihen finden, deren Elemente sich durchaus gegenseitig durchdringen, denen es aber nie gelingt, selbst vollständig in der kompakten Masse des Ich aufzugehen. Dieser Art ist jenes Zusammenspiel von Gefühlen und Ideen, das uns aus einer falsch verstandenen Erziehung erwächst, jener, die sich mehr an das Gedächtnis als an das Urteilsvermögen wendet. Es bildet sich hier, im Herzen des fundamentalen Ichs selbst, ein parasitäres Ich, das fortwährend auf das andere übergreift. Viele leben so und sterben, ohne die wahre Freiheit je gekannt zu haben. Doch die Suggestion würde Überzeugung, wenn das gesamte Ich sie sich zu eigen machte; die Leidenschaft, selbst die jähe, würde nicht mehr denselben fatalen Charakter aufweisen, wenn sich darin, wie in der Entrüstung Alcestes[1], die gesamte Geschichte der Person widerspiegeln würde; und die autoritärste Erziehung würde unsere Freiheit in keiner Weise beschneiden, wenn sie uns nur Ideen und Gefühle vermitteln würde, die imstande sind, die gesamte Seele zu durchdringen. Es ist in der Tat die gesamte Seele, von der die freie Entscheidung ausgeht, und die Handlung wird um so freier sein, je mehr die dynamische Reihe, auf die sie zurückzuführen ist, dazu neigt, mit dem fundamentalen Ich identisch zu werden. *DI 124–126*

[1] Anspielung auf Molières *Misanthrope* (*Der Menschenfeind*). Vgl. die entsprechende Anm. in der kritischen Ausgabe des *Essai sur les données immédiates de la conscience*, Paris 2007, S. 242 f. [A. d. Ü.]

76. Leben und Freiheit

Bewußtsein und Materialität erweisen sich also als radikal verschiedene und sogar einander widerstreitende Existenzformen, die einen *modus vivendi* eingehen und sich schlecht wie recht miteinander arrangieren. Die Materie ist Notwendigkeit, das Bewußtsein ist Freiheit; doch wie sehr sie sich einander auch entgegenstellen, das Leben findet einen Weg, sie zu versöhnen. Denn das Leben ist gerade die Freiheit, die sich in die Notwendigkeit einfügt und diese zu ihrem Nutzen wendet. Es wäre unmöglich, wenn der Determinismus, dem die Materie gehorcht, nicht in seiner Strenge nachlassen könnte. Nimmt man aber an, daß in gewissen Momenten, in gewissen Punkten, die Materie eine gewisse Elastizität bietet, dann wird sich dort das Bewußtsein einnisten. Es wird sich dort einnisten, indem es sich ganz klein macht; dann, wenn es einmal am Platz ist, wird es sich ausdehnen, seinen Teil abrunden und schließlich alles erreichen, weil es über die Zeit verfügt und weil die kleinste Quantität an Indeterminiertheit, wenn man sie endlos mit sich selbst addiert, soviel Freiheit ergibt, wie man nur will. – Doch wir werden denselben Schluß auch auf anderen Tatsachenlinien wiederfinden, die ihn uns mit höherer Strenge aufweisen werden.

Untersuchen wir nämlich, wie ein lebender Körper es angeht, Bewegungen auszuführen, dann stellen wir fest, daß seine Methode immer dieselbe ist. Sie besteht darin, gewisse Substanzen zu nutzen, die man Sprengstoff nennen könnte und die, ähnlich dem Schießpulver, nur auf einen Funken warten, um zu detonieren. Ich meine damit die Nahrung, genauer gesagt die ternären Substanzen: Kohlenhydrate und Fette. Eine beachtliche Summe an potentieller Energie ist darin angehäuft, bereit, sich in Bewegung umzuwandeln. Diese Energie ist durch die Pflanzen langsam und gradweise der Sonne entlehnt worden; und das Tier, das sich von einer Pflanze ernährt oder von einem Tier, das sich von einer Pflanze ernährt hat, oder von einem Tier, das sich von einem Tier ernährt hat, das sich von einer Pflanze ernährt hat etc., läßt lediglich einen Sprengstoff in seinen Körper übergehen, den das Leben hergestellt hat, indem es Sonnenenergie aufspeicherte. Wenn es eine Bewegung ausführt, dann setzt es die auf diese Weise eingebunkerte Energie frei; es muß dafür nur einen Auslösemechanismus bedienen, den Abzug einer reibungsfreien Pistole streifen, den Funken herbeirufen: Der Sprengstoff detoniert, und in der gewählten Richtung vollzieht sich die Bewegung. Wenn die ersten Lebewesen zwischen dem pflanzlichen und dem tierischen Leben schwankten, dann weil sich das Leben in seinen Anfängen darum bemühte, den Sprengstoff gleichzeitig herzustellen und für Bewegungen zu nutzen. In dem Maße, in dem Pflanzen und Tiere sich differenzierten, spaltete sich das Leben in zwei Reiche und trennte so die beiden ursprünglich vereinten Funktionen. Hier sorgte es sich mehr darum, den Sprengstoff herzustellen, dort mehr darum, ihn detonieren zu lassen. Ob man es aber zu Beginn oder am Ende seiner Evolution betrachtet, das Leben in seiner Gesamtheit besteht immer in dieser doppelten Arbeit gradueller Ansammlung und plötzlichen Verbrauchs: Es geht ihm darum, zu erreichen, daß die Materie durch ein langsames und schwieriges Verfahren eine potentielle Energie aufspeichert, die plötzlich zu Bewegungsenergie wird. Wie sonst aber würde nun eine freie Ursache vorgehen, die nicht imstande ist, die Notwendigkeit, der die Materie unterworfen ist, zu brechen, wohl aber imstande, sie zu beugen, und die mit dem sehr kleinen Einfluß, den sie auf die Materie hat, von dieser immer kraftvollere Bewegungen in einer immer besser zu wählenden Richtung erreichen möchte? Sie würde es genau auf diese Weise angehen. Sie würde versuchen, nur einen Auslöser betätigen oder einen Funken liefern zu müssen, um eine Energie, die die Materie in all der Zeit, die dazu nötig war, angesammelt haben würde, augenblicklich zu nutzen. *ES 13–15*

77. Gedächtnis und Freiheit

[...] zur selben Zeit, zu der unsere aktuelle und sozusagen momenthafte Wahrnehmung jene Unterteilung der Materie in eigenständige Gegenstände unternimmt, verfestigt unser Gedächtnis das kontinuierliche Fließen der Dinge zu sinnlichen Qualitäten. Es läßt die Vergangenheit sich in die Gegenwart erstrecken, weil unsere Handlung genau in dem Maße über die Zukunft verfügt, in dem unsere durch das Gedächtnis bereicherte Wahrnehmung die Vergangenheit kontrahiert hat. Auf eine erlittene Aktion durch eine sofortige Reaktion antworten, die deren Rhythmus übernimmt und sich in derselben Dauer fortsetzt; in der Gegenwart sein, und zwar in einer Gegenwart, die unentwegt neu beginnt – das ist das fundamentale Gesetz der Materie: Darin besteht die *Notwendigkeit*. Wenn es *freie* Handlungen gibt oder zumindest teilweise indeterminierte, dann können sie nur Wesen zukommen, die imstande sind, das Werden, auf das sich ihr eigenes Werden anwendet, von Zeit und Zeit festzuhalten und zu unterschiedenen Momenten zu verfestigen, auf diese Weise dessen Materie zu kondensieren und, sie sich einverleibend, zu Reaktionsbewegungen zu verdauen, die durch die Maschen der Naturnotwendigkeit hindurchpassen. Die mehr oder minder hohe Spannung ihrer Dauer, die im Grunde ihre mehr oder minder große Lebensintensität ausdrückt, bestimmt so sowohl die Konzentrationskraft ihrer Wahrnehmung als auch den Grad ihrer Freiheit. Die Unabhängigkeit ihres Einwirkens auf die umgebende Materie tritt immer deutlicher in Erscheinung, je mehr sie sich von dem Rhythmus befreien, in dem diese Materie dahinfließt. So daß die Empfindungsqualitäten, so wie sie in unserer mit Gedächtnis gefütterten Wahrnehmung auftreten, durchaus jene durch die Verfestigung des Wirklichen erhaltenen aufeinanderfolgenden Momente sind. Doch um diese Momente zu unterscheiden und auch um sie miteinander durch ein Band zu verbinden, das unserer eigenen Existenz und der der Dinge gemein ist, sind wir wohl oder übel gezwungen, uns ein abstraktes Schema des Nacheinanders im allgemeinen vorzustellen, ein homogenes und indifferentes Milieu, das für das Fließen der Materie in bezug auf die Länge dasselbe darstellen würde, was der Raum in bezug auf die Breite ist: Darin besteht die homogene Zeit. Homogener Raum und homogene Zeit sind also weder Eigenschaften der Dinge noch wesentliche Bedingungen unserer Fähigkeit, diese zu erkennen: Sie drücken in abstrakter Form die zweifache Tätigkeit der Verfestigung und der Unterteilung aus, der wir die bewegte Kontinuität des Wirklichen unterwerfen, um uns darin Stützpunkte zu verschaffen und Operationszentren festzulegen, kurz: um dort wahre Veränderungen einzuführen; es sind die Schemata unseres auf die Materie einwirkenden *Handelns*. *MM 236–237*